青少年心理自助文库
气质丛书

孝 道

古今百善孝居先

谢 普/著

力求把圣人的智慧与现实紧密结合起来，
以便掌握孝道之奥旨，
引导大家寻找生命的源头。

 中国出版集团 现代出版社

图书在版编目(CIP)数据

孝道:古今百善孝居先／谢普著. —北京:现代出版社,2013.12
(2021.3 重印)

(青少年心理自助文库)

ISBN 978-7-5143-1952-1

Ⅰ. ①孝… Ⅱ. ①谢… Ⅲ. ①散文集 – 中国 – 当代
Ⅳ. ①I267

中国版本图书馆 CIP 数据核字(2013)第 313644 号

作　　者	谢　普
责任编辑	刘　刚
出版发行	现代出版社
通讯地址	北京市安定门外安华里 504 号
邮政编码	100011
电　　话	010 – 64267325 64245264(传真)
网　　址	www.1980xd.com
电子邮箱	xiandai@ cnpitc.com.cn
印　　刷	河北飞鸿印刷有限责任公司
开　　本	710mm×1000mm　1/16
印　　张	12
版　　次	2013 年 12 月第 1 版　2021 年 3 月第 3 次印刷
书　　号	ISBN 978-7-5143-1952-1
定　　价	39.80 元

P 前言
REFACE

为什么当今一部分青少年拥有幸福的生活却依然感觉不幸福、不快乐?
又怎样才能彻底摆脱日复一日的身心疲惫? 怎样才能活得更真实、更快乐?
我们越是在喧嚣和困惑的环境中无所适从,越是觉得快乐和宁静是何等的
难能可贵。其实,正所谓"心安处即自由乡",善于调节内心是一种拯救自我
的能力。当我们能够对自我有清醒的认识,对他人能宽容友善,对生活无限
热爱的时候,一个拥有强大心灵力量的你将会更加自信而乐观地面对一切。

青少年是国家的未来和希望。对于青少年的心理健康教育,直接关系
到其未来能否健康成长,承担起建设和谐社会的重任。作为家庭、学校和社
会,不仅要重视文化专业知识的教育,还要注重培养青少年健康的心态和良
好的心理素质,从改进教育方法上来真正关心、爱护和尊重青少年。如何正
确引导青少年走向健康的心理状态,是家庭、学校和社会的共同责任。心理
自助能够帮助青少年解决心理问题、获得自我成长,最重要之处在于它能够
激发青少年自觉进行自我探索的精神取向。自我探索是对自身的心理状
态、思维方式、情绪反应和性格能力等方面的深入觉察。很多科学研究发
现,这种觉察和了解本身对于心理问题就具有治疗的作用。此外,通过自我
探索,青少年能够看到自己的问题所在,明确在哪些方面需要改善,从而"对
症下药"。

目标反映人们对美好未来的向往和追求。目标是一个人力量的源泉、
精神上的支柱。一个国家、一个民族如果没有远大的、被大多数人信仰的共
同目标,就会形同一盘散沙。没有凝聚力、向心力,哪里还谈得上国家的强

盛、民族的振兴？一个人如果没有目标，就会失去精神动力，不可能成为高素质的优秀人才。

理想是人生的阳光，希望是人生的土壤。目标与方向就是选定优良种子与所需成长的营养，明确执行的目标，让一个个奋斗目标成为你成功道路上的里程碑，分秒必争地尽快把一个个目标变成现实。再苦再难也要勇敢前进，把握现在就能创造美好未来！

一个没有方向的人，就如同驶入大海的孤舟，不知道自己走向何方，其前景不容乐观。而有方向的人，就如同黑夜中找到了一盏导航灯。方向是激发一个人前进的动力，也是一个人行动的指针。有方向的人能为美好的结果而努力，而没有方向的人只会在原地踏步，一生也只会碌碌无为。迷茫一族应早日做好自己的人生规划，心中有方向，努力才有目标，人生之路才会风光无限。否则，在没有方向的区域里绕来绕去，最终只会走出一条曲线，或绕了一个圆圈又绕回原点。拥有规划，但还要拥有恒心，即使在艰难险阻下，也要朝着自己设定的方向锲而不舍地前行，切不可半途而废，白白浪费自己的时间。

本丛书从心理问题的普遍性着手，分别记述了性格、情绪、压力、意志、人际交往、异常行为等方面容易出现的一些心理问题，并提出了具体实用的应对策略，以帮助青少年读者驱散心灵的阴霾，科学地调适身心，实现心理自助。

本丛书是你化解烦恼的心灵修养课，是给你增加快乐的心理自助术；本丛书会让你认识到：掌控心理，方能掌控世界；改变自己，才能改变一切；只有实现积极的心理自助，才能收获快乐的人生。

孝道——古今百善孝居先

目　录
ONTENTS

孝道——古今百善孝居先

第一篇 何谓孝道

　　何为孝道：中国最早的一部解释词义的著作《尔雅》下的定义是："善事父母为孝。"汉代贾谊的《新书》界定为"子爱利亲谓之孝"。

　　东汉许慎在《说文解字》的解释："善事父母者，从老省、从子，子承老也。"许慎认为，"孝"字是由"老"字省去右下角的形体，和"子"字组合而成的一个会意字。

　　从这里我们可以看出，"孝"的古文字形与"善事父母"之义是吻合的，因而孝就是子女对父母的一种善行和美德，是家庭中晚辈在处理与长辈的关系时应该具有的道德品质和必须遵守的行为规范。

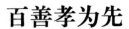

百善孝为先

《现代汉语词典》对"孝顺"一词的解释是这样的："尽心奉养父母,顺从父母的意志。"孝顺是孝心、孝敬、孝道的综合。孝顺不是简单的给钱给物,也不是单纯的心里敬重,更不是送终和祭祀时的巨大规模;孝顺既有报恩的情感成分,也有善己的责任成分。孝顺的情感和道德属性大于物质和礼仪属性。

在美德课本上,青少年常学到做人首先要孝顺父母,但不是每个青少年都清楚应该怎样去孝顺父母。立志要给父母提供很好的物质条件,也只能做到"外安其身",真正的孝道是要"内安其心"。这里的安心,既是安慰父母的心,让他们感到自己存在的价值和重要性,也是安自己的心,不勉为其难,不敷衍塞责,在尽孝的过程中享受人生的快乐。孝顺不仅是成长的必修课,更是人一生中的道德课。

我国古人甚重孝道,在孩子的启蒙读本中,关于"孝"的有很多,如《孝经》《论语》等。**子女必须孝敬养育自己的父母,家庭中的成年人必须孝敬养育自己的老一辈,一代依赖一代,一代孝敬一代。**所以,孔子认为孝道是人生义务,是人成长的必修课,是伦理道德的核心,是修身齐家治国平天下的灵魂。

潘岳,字安仁,荥阳中牟人,晋武帝时任河阳县令。他事亲至孝,父亲去世后,他就接母亲到任所侍奉。他喜植花木,天长日久,所植桃李竟成林。每年花开时节,他总是在风和日丽的天气,搀扶母亲到林中赏花游乐。

一年,母亲染病,分外想念家乡。潘岳得知母亲的心愿,马上辞官奉母回乡。虽然同僚再三挽留,劝他趁着现在的时光把握住功名机会,但他毫不动摇地说:"贪恋荣华富贵,让母亲的晚年过得不开心,那算什么儿子呢?"同僚们被他的孝心感动,便支持他辞官。

回到家乡后,母亲的病很快痊愈了。没有了俸禄,潘岳就耕田种菜、卖菜为生,平时只买母亲爱吃的食物。他还喂了一群羊,每天挤羊奶给母亲喝。在这样的精心护理下,母亲安度晚年。

在潘岳的故事中,值得称赞的不仅是他对母亲尽心尽力的照顾,还有他自己全心全意享受孝顺母亲过程的这种品质。**孝并不是要我们无私奉献和牺牲,孝顺父母与完成自己的人生愿望并不矛盾,我们在人生成长的每一个阶段,既可以孝顺父母,又可以完善自我。**

孩提和成长时期,听父母话、好好学习,让父母省心就是孝顺;成家立业了,夫妻和睦、遵纪守信、敬业向上,让父母放心就是孝顺;再后来,父母生病时能得到及时的问候和救治、行动不便时能得到应有的关照和护理、孤独寂寞时能得子女陪伴和安慰,让父母开心就是孝顺;而在父母有生之年能够尽力帮助其实现各自的夙愿,当他们寿终正寝时可以瞑目安心就是孝顺。

幼年时候的健康聪明,上学时期的好学勤奋,工作后的踏实敬业,这些也都是孝顺的方式;在天冷时为父母倒一杯茶,在他们孤独时送上一句暖心的话,父母生日时一句简单的祝福……这些也是我们力所能及的孝顺。

在这些点点滴滴的行动中,我们付出了感情,便能体会到付出的快乐以及被人信赖的幸福感。当我们可以让父母引以为傲的时候,我们面对困难会更加从容;当我们理解父母的困难时,我们也避免了亲人之间的相互抱怨——孝是一门真正教会我们如何对待亲人、朋友的课,和上学时学习的那些科学知识、人文常识一样重要。

孝顺既是人生路上的一门必修课、一道必答题,也是我们人生中必须经历的考验。不论你出生在怎样的家庭,父母是否健在,处于什么年龄,从事何种职业,你都在学习这门课的路上。

有些青少年认为,孝顺父母是将来的事,跟现在没有关系,等以后长大了,我们能独立了再孝顺父母,现在正是享受父母慈爱的时候,不需要考虑孝顺。这种想法看起来很有道理,实则误解了孝的含义。**孝顺不仅是供养父母的吃穿住行,最重要的是善待父母,理解他们,关心他们。**理解和关心不是长大之后才有能力做的事,年龄不是孝顺的分界线。从孩提时代起我们就要形成孝顺意识,从小事做起,从关心做起,从爱做起。

三国时期的陆绩,是当时著名的科学家、天文学家。陆绩自小爱读书,聪明伶俐,其父陆康十分注意对他进行孝道教育。因此,陆绩不仅通晓天文、历算等方面的知识,还是个十分孝顺的人。

陆绩6岁的时候,随父亲陆康到九江拜见袁术,一见面,陆绩便表现得落落大方,跟袁术谈天说地,十分讨袁术的喜欢。袁术在开心之余,还不时惊叹他的才学,于是就像对待成年客人那样给他赐座,还吩咐下人拿来很多橘子让陆绩吃。

陆绩一看这么多橘子,十分开心地吃起来,趁着袁术跟父亲陆康聊得开心的时候,还悄悄地往怀里塞了两个橘子。

等到告别之际,袁术让陆绩再拿些橘子在路上吃,陆绩摇摇头说自己不吃了,但没想到,这时他藏在怀里的橘子却滚落到地上。袁术一看,不禁大笑:"原来已经拿过了呀,这小孩子真好玩。来我家做客,还要怀藏主人的橘子啊。"

没想到陆绩神色自若地告诉袁术,他母亲喜欢吃橘子,这是特地给母亲捎回去的。

袁术不禁感到更惊奇了,他没想到陆绩这么小的年纪,就懂得孝顺母亲。

其实,孝顺不分年龄,不分长幼,自古有之。

有一个父亲,独自抚养一个7岁的小男孩。每当孩子和朋友玩耍受伤回来,他对过世妻子留下的缺憾,便感受尤深,心底不免非常难过。这是他留下孩子出差当天发生的事。因为要赶火车,父亲没时间陪孩子吃早餐,便匆匆离开了家。父亲一路上担心着孩子有没有吃饭,会不会哭,心里老是放不下。即使抵达了出差地点,也不时打电话回家,而孩子总是很懂事,让他不要担心。因为心里牵挂不安,父亲草草处理完事情踏上归途。回到家时孩子已经熟睡了,他这才松了一口气。旅途的疲惫让他全身无力,正准备睡觉时,却发现棉被下面,竟然有一碗打翻了的泡面!

"这孩子!"他在盛怒之下朝熟睡儿子的屁股一阵狠打。

"为什么这么不乖,惹爸爸生气?你这样调皮,把棉被弄湿要给谁洗?"

这是妻子过世之后，他第一次动手打孩子。

"我没有……"孩子抽泣着解释，"我没有调皮，这……这是给爸爸吃的晚餐。"

原来孩子为了配合父亲回家的时间，特地泡了两碗泡面，一碗自己吃，另一碗留给父亲。可是因为怕爸爸那碗面凉掉，所以放进棉被底下保温。

父亲听了，不发一语地紧紧抱住孩子。看着碗里剩下那一半的面，他说道："孩子，这是世上最最美味的泡面啊！"

故事中的这个孩子才7岁，就知道心疼自己的父亲，为父亲分忧，难怪父亲会被孩子的孝心所感动。**孝心是不分年龄的，孩子只有从小培养，长大后才会有真正的孝心。**

心灵悄悄话

从吮着母亲的乳汁离开襁褓，到揪着父母的心迈向人生，头痛脑热曾让父母熬过了多少个不眠之夜，读书更是费尽了父母的心血……父母之爱是永远报答不完的，人之初，孝为根，孝是一朵心灵深处无比美丽的花，让我们在孝心贫瘠的土地上种满孝的花朵。孝是人生的第一课，让我们把这一课不断延续并且发扬光大。

孝道——
古今百善孝居先

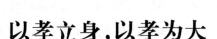

以孝立身，以孝为大

孔子是我国伟大的思想家，在孔子看来，孝是一个人的立身之本。青少年时期正是人生观、价值观形成的关键时期，常言道"百德，孝先行"，所以，**青少年做好基本的孝，是立身的开始。**

"其为人也孝弟，而好犯上者，鲜矣；不好犯上，而好作乱者，未之有也。君子务本，本立而道生。孝弟也者，其为仁之本与。"这段文字的意思是，人如果对父母很孝顺、对兄长也很尊敬，则很少有这样的人喜好犯上；不喜好犯上，而喜好作乱的，更是从来没有的事。君子重视根本，根本的东西建立了，人生才会一帆风顺，而孝敬父母、顺从兄长，这就是为仁道的根本。

《论语》是美德的典范，它教导人们孝敬父母，一方面要求人们报答父母的养育之恩；另一方面则是为了培养人们的诚意，希望人们真心地尊敬每一个人，用心地对待每一件事情。一个人从小就生活在家庭里，从出生开始，父母就怀抱着、哺育着，儿女对父母的感恩之情应该是最深的。如果一个人连父母都不能从心底里感恩，发自肺腑地尊敬，那么还能谈别的事情吗？所以古人经常说："**忠臣必出于孝子之门。**"

茅容是东汉时期河南陈留人，字季伟。茅容在40岁时，还只是个非常普通的农夫，而让人称道的是，他对自己的母亲特别孝顺。为了增加庄稼的收成，更好地奉养母亲，不管刮风下雨，他都非常辛勤地劳作。

有一次，他又在地里辛勤地耕种，忽然天降大雨。茅容和地里耕种的其他人都跑到一棵大树下避雨。只见其他人都在树下吊儿郎当地或站或坐，谈笑粗俗，只有茅容一个人在那里端正地坐着不说话。这时候，有一个人从此处经过，见到茅容气质不凡，就主动与他交谈起来。两个人一直聊到天黑还意犹未尽，于是此人就随茅容回家住宿。

此人正是当时的名士郭林宗，郭林宗学识渊博，有弟子千人，十分喜爱结交有德之人。两人一夜无话不谈，第二天一大早，郭林宗看到茅容在杀鸡炖汤，以为茅容要款待自己，不禁为茅容的好客所感动，但是等到吃饭的时候，茅容端上来的只是山菜野蔬。郭林宗不禁暗自惊讶。

后来，他才知道茅容把炖好的鸡肉一分为二，一份让母亲这顿吃，另一份留着让母亲下顿吃，而自己和客人吃的都是山菜野蔬。郭林宗感动于茅容的孝心，对此大加赞赏，并主动提出教茅容学习圣贤之道。后来在郭林宗的指导下，茅容成为学识品行并重的人，而他孝顺母亲的故事也广为流传。

把好东西让给父母享用，这个看似简单的举动，只有真心惦念父母的人才能做到。茅容的故事让我们明白，孝顺父母是品德完善的表现，而这种孝心有时候跟成功、学识和名利关系并不大，**不管是学识渊博的知识分子还是耕作田间的农夫，只要有孝顺父母的心意和做法，都值得人们尊重与景仰。**

人之行，莫大于孝。

孝敬父母是为人子女之本分，做人不可丢失孝悌的本分。

小磊是一个小学五年级的学生，一天中午放学，他从一家商店经过，橱窗里的一件商品使他怦然心动。他趴在玻璃上看价格，50元，太贵了，这几乎是他们全家人一个月的开销。

他站在那儿踌躇了一会儿，还是推开商店的门走了进去，指着那件商品对店主说："我想买那件商品，不过，我现在没有钱，请您留着先别卖好吗？"

"好吧！"店主看着这个一脸诚恳的男孩，微笑地答应了他的请求。

小磊很有礼貌地告别店主，走出了商店。

他走着走着，拐进一条小巷，忽然看见从一个大门里扔出好几个纸箱子。他突然想起了什么，连忙走过去仔细看。原来这里是水果批发市场的后门，每天都有大量的水果被运到这里，再销往各处，在重新包装的时候，就会扔掉很多废纸箱。他捡了几个废纸箱，拿到废品收购站去卖了。回家的路上，他的手里紧紧地攥着一枚一角钱的硬币，生怕掉了似的。

回到家，他把硬币放在一个小铁盒里，又把小铁盒藏在墙角米缸的后边。这时，母亲叫他吃饭，他答应了一声便走进厨房。爸爸刚从工地上回

孝道——古今百善孝居先

来,妈妈已经摆好了饭菜。妈妈自从去年生病动了手术后,身体一直很虚弱,不能上班,每天在家里洗衣做饭,还要描鞋样挣钱,十分辛苦。

每天放学后,他总是一路跑着回家,写完作业,干完妈妈交代的家务活,然后走街串巷去捡纸箱或可乐瓶。冬天来了,天气十分寒冷,喝饮料的人也少了,有时候他找了好久也没有捡到多少,可是他依然坚持下来,因为一想到橱窗里的那件商品,他心里就有了战胜困难的勇气和力量。

到了第二年的一天,一大早,他就把藏在米缸后边的小铁盒取出来,把里边的硬币全都倒出来,用发抖的手仔细数了一遍,仍然不放心,又仔细数了一遍。他差点惊呼出来,只差1角2分就凑够50元了! 于是,他心里默默祝愿着今天能捡到足够的纸箱和可乐瓶。

夕阳下去的时候,他扛着纸箱子急匆匆地往废品收购站赶。此时,收购站的那位伯伯已经准备关门了。他着急地叫道:"伯伯,请您先别关门!"那人转身看见气喘吁吁的小男孩说:"明天再来吧! 孩子!""伯伯,请您帮帮我,我今天一定要卖出去!"听着这个已经是老顾客的小男孩的焦急请求,那位伯伯很不忍心地拉开关了一半的门。

"孩子,你干吗这么急着用钱?"伯伯好奇地问。

"对不起,这是我的秘密,现在还不能告诉您。"他笑了笑,不肯说。

拿到两个1角钱的硬币后,他便飞也似的跑回家,取出小铁盒,然后又匆匆地跑到那家商店,还好,商店还没有关门。他二话没说,便把所有的硬币、毛票倒在柜台上。

他又一口气跑回家,看见妈妈正在厨房里忙碌。他迫不及待地走到妈妈面前,将自己用半年多的劳动换来的珍宝放在妈妈的手里说:"妈妈,生日快乐!"妈妈很惊讶,她轻轻打开包装纸,里面包着一个红色绒布的首饰盒,盒内放着一枚百合花的胸针。妈妈热泪盈眶,这枚胸针是她收到的几个礼物中最珍贵的一个,她一把将儿子紧紧搂在怀里,感动得泪流满面。

有些人在还是青少年的时候并不觉得自己对父母不好,也没有丝毫的不安。但是每个人都有老了的时候,也往往到那时才能意识到父母一直以来真正需要的是什么,也才懂得反省自己当时做得够不够。

生命最公平的地方在于,我们每个人都要经历童年、青年、中年和老年,

我们迟早会经历父母那一辈人经历过的心理变化，感到自己渐渐衰老无用。那个时候我们就会知道自己年轻的时候做得对不对，我们的内心也才能真正给自己一个评判。而那时，我们才知道，人之行，莫大于孝。

 心灵悄悄话

　　父母给了孩子生命，又把孩子培养成人，在这漫长的过程中经历了许多艰辛，也付出了许多爱。在每个孩子的生命历程中，没有任何一个人会像父母那样给予他们这种无私的爱，也没有任何一种付出像父母对儿女的付出那样心甘情愿，我们要做的就是用一颗孝心来回报父母。

孝道——
古今百善孝居先

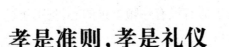

孝是准则，孝是礼仪

孝是一切言行的准则。

一个心存感恩的孝子，一定会成为一个仁者；一个尊敬师长的晚辈，一定会成为一个智者。拥有大仁大智的圣贤之师和普通人的差别，就在于他们是否拥有出于心底的诚意、认真对待所有事物的"孝"心，从而激发前进的动力。

一堂国学课上，一个学生问教授："人如果能孝，就能提高学习成绩吗？"

一个银行的职员也问教授："人如果能孝，就可以做好工作吗？"

教授打开《论语》，说："大家看，孔子是怎么讲孝的。"于是教授读道："子游问孝。子曰：'今之孝者，是谓能养。至于犬马，皆能有养。不敬，何以别乎？'孔子这句话的意思是说，大家都说能养活父母就是孝，可是家里的狗啊马啊，主人不都是在养活它们吗？如果心里不尊敬父母，那么养父母和养狗马有什么区别呢？"

大家沉思了一会儿，学生忽然说："我明白了，这句话可以换成'今之学生，是谓能读书。至于录音机，也能读书。不用心，何以区别乎？'"

银行职员也说："我也明白了，这句话可以换成'今之收银员，是谓能数钱。至于点钞机，也能数钱。不敬业，何以区别乎？'"

教授开心地笑了，说："我加一句吧，这句话可以换成'今之教授，是谓能传播知识。至于讲义纸，也能传播知识。不为人师表，何以区别乎？'"

下面的听众纷纷举手，说："我也可以换……"

是的，孔子告诉我们什么是真正的孝。

一个仁慈的人，不在于他施舍了多少钱财，而在于他怀有一颗济世度人的心灵;一个勇武的人,不在于他有多大的力气,而在于他有关键时刻挺身而出的气魄。

一个学生,漫不经心地读一千遍书,其实录音机也能做到,而且可能会做得更好,关键在于他有没有一颗上进的心,把书上的知识记入自己的脑海,化为自己的思想。

一个收银员,一天机械地数几千几万张钞票,其实点钞机也能做到,而且更不容易出差错,关键是他有没有一种服务客户的意识,让每一个客户都能从他这里高兴而来,满意而归。

一个教授,一天把讲义上的内容念几百遍,结果和学生自己看讲义没什么两样,没准学生自己看的效果还更好,关键在于他有没有一个热爱学生、为人师表的理想,让每一个学生都能在他的课堂上感受到知识的魅力以及为人师表者高贵的人格。

焦化,晋代南安人,父亲名叫焦遗,是西秦安南将军。焦化是个孝子,平日里对父母照顾得十分周到。

有一年冬天,父亲焦遗生了重病,焦化不分昼夜地服侍父亲,但是焦遗的病仍不见好转,焦化整天忧心不已。后来父亲说很想吃新鲜的瓜,这可难为了焦化,冬天上哪儿去找瓜呀?他整天茶饭不思,一心想为父亲觅得一瓜。一次,他在焦虑中睡着了,并做了一个奇怪的梦,一个声音对他说:"我给你送来了瓜。"焦化别提多高兴了,接过瓜就笑醒了。

醒来之后,他明白自己只是做了个梦,不禁感到失望。但是没想到手里真的拿了一个新鲜的瓜。他的父亲食用后,精神一下子就好了很多,慢慢地病竟然也痊愈了。

后来,他的孝顺事迹被西秦王乞伏干知道了,乞伏干提出把自己的女儿许配给她,没想到焦化却说王姬身份高贵,认为自己没有能力让她过上好的生活,没有资格娶到如此尊贵的小姐,婉拒了这门亲事。

焦化说的话一半是事实,一半是托词,他只是觉得孝顺父母是自己应该做的事情,而不是自己攀龙附凤的工具,因此才婉拒了这门亲事。

乞伏干自然也明白焦化的意思,不但没有生气,反而让他担任尚书民部郎一职。

孝是一切美德与言行的基础,所有这些高尚的品格正是从"孝"发展起来的。**孝引导人的一举一动,是人的言行举止的指南针。**

礼仪之邦兴于孝。

我们经常说"乌鸦反哺,羊羔跪乳",我们赋予动物一种孝心的品格,也以此来教育孩子们要懂得孝敬父母。为什么"孝"是所有品德当中人们最看重的呢?且不说"身体发肤,受之父母"的生育之恩,多年来的养育之情,也足以解答这个疑惑。

孔子说看一个人有没有学问,就在于这个人能否对父母尽孝,对兄弟姐妹、亲朋好友乃至陌生人是否友爱。孝敬父母、关爱他人的人都有着深厚的感情和仁爱之心,这种人是不会危害社会的。

"孝"是一种爱的回报。父母对子女总是无私地付出,并且无怨无悔,仿佛儿女成长路上一棵枝繁叶茂的大树,为儿女遮风挡雨。父母如同大树,总在无私地奉献着,你的忧伤便是树的忧伤,你的快乐便是树的快乐。儿女在为自己的事业、自己的家庭忙碌时,总是无暇顾及父母;可当出现变故、陷入困境时,首先想到的则是向父母求救。如果我们都是这样只知道索取,却不知道感恩和回报,那么人生就变得自私丑恶,社会也会变得冷漠无情。

在自古流传的孝子故事中,有一个非常难得的孝子叫作王祥,可怜他从小无母,被继母嫌弃,但他从来不在意。

后来,继母生病,想要吃鱼,但当时在寒冬腊月,无鱼可买。王祥为了让病中的继母吃上活鲤鱼,就解开衣服卧在冰上,想用自己的体温化开坚冰捉鱼。令人惊喜的是,三尺厚的冰突然自行融化,从冰下跃出两条鲤鱼。王祥高兴地回家为继母做鲤鱼,继母喝完充满孝心的鱼汤,很快就痊愈了。

为了给父母养老送终,王祥隐居了20余年,守完孝之后,才应邀出外做官,从温县县令做到大司农、司空、太尉,并被封为睢陵侯。

后人为了纪念他,还专门写了一首诗:

继母人间有,

王祥天下无。

至今河水上,

一片卧冰模。

传统文化中，王祥这样的孝子一直是孝文化教育中的楷模，成为青少年们学习的典范。随着社会的发展和国家情况的变化，独生子女越来越多。因为父母只有一个孩子，常常会表现出更多的迁就和放纵，然而越是如此，孩子就越是看不到父母对自己的好，觉得父母所做的事情都是天经地义的，尽孝的传统正从我们的文化中逐渐消失。

我国古代有一首《劝孝歌》，里面有两句话："人不孝其亲，不如禽与兽。"人之所以区别于禽兽，正是因为我们知道感恩和回报，而孝心正是最基本的感恩之心。

我们想要建设祖国、发扬我们的文化、让世界和平，这样远大的目标固然很好，但是要实现这样的目标，首先就要打稳自己的根基，而孝心正是一切的根基。**孝是一切道德和爱心的根源，是一个人为人处世的根本，也是做人的基本要求。**孝是爱的根本，也是爱的最初形式，一个连父母都不爱的人，又会对谁付出真心呢？

心灵悄悄话

孝不仅仅是能养活父母，而关键在于尊敬父母，心里有这样一分诚意。所以富有的人抱着交差的态度给父母送一栋房子，不如贫寒的人怀着感激之情为父母热一碗汤菜。孝心的可贵，在于孝行中所含的一片真心，拥有了这份发自肺腑的孝心，也就拥有了美德的根基。

孝道——古今百善孝居先

孝道榜样——只因她是母亲

　　自从他考上大学，就很少回过老家。五光十色的城市生活让他眩晕、痴迷、幸福、不知所措。他拼命学习，只为让这座陌生的城市能够接纳他。最终他真的留在城市了，并且通过贷款，购买了一套三室一厅的住宅。母亲没有来过城市。他连婚礼都是在乡下举行的。

　　婚后好几年，除了春节，他从来不曾回过老家。儿子想奶奶，跟他闹了好几天，最后他只好跟妻子商量能不能把母亲接过来住些日子。妻子同意后，他给母亲打了个电话。他说您来住一些日子吧。母亲说我在城里住不习惯。他说您就来吧，小宝说他想奶奶。母亲想了想，最后说，好吧。

　　就这样母亲来到了城市。那是她第一次来到城市，城市让她极不舒服。

　　母亲带来两个蛇皮口袋。一个口袋里装满刚从菜园里摘下的新鲜蔬菜，一个口袋里装满刚从地里掰下的青玉米。那样的蔬菜城市里到处都有卖，价格也便宜；那样的青玉米卖得更多，他们早已经吃腻了。母亲带来她所能带过来的乡下的所有，却唯独没有带来乡下的习惯。她战战兢兢地在屋子里走动，小心翼翼地和他以及他的妻子说话。50多岁的母亲知道城市和乡村的区别，知道装修豪华的楼房和简陋的乡下草屋的区别，即使住在儿子家，她也不能太随便。

　　他忙，不可能时时陪着母亲。妻子也忙，她得去公司上班，去健身房健身，去电影院看热播的大片，去业余班学英语、学会计……他们把母亲留在家里，让儿子陪着她。妻子对母亲说，这是马桶，按下小钮，冲半桶水，按下大钮，冲整桶水；给小宝热牛奶的时候，用燃气灶，往左拧这个开关，就能打着火；来电话了，接一下，让晚上再打来；冰箱门不大好，尽量关严实，否则会费电；家里开着空调时，不要打开窗户；如果有人来收水费，抽屉里有零钱；陌生人叫门，尽量不要开……

母亲的表情就像一个懵懂的孩子。这么多事，这么多规矩，她怕记不过来。

母亲小心翼翼地关上门，愣愣地坐在沙发上。她不敢用抽水马桶，不敢动电视，不敢开冰箱，不敢接电话。后来她不得不硬着头皮打开了燃气灶，为自己的孙子煮了一杯牛奶。那个上午她只动了燃气灶，却差点儿闯下大祸。

中午他回家时，闻到一股很浓的煤气味。孩子在卧室里睡觉，母亲坐在沙发上择着青菜。见了他，母亲说，我头有些晕。他不答话，冲进厨房，见燃气灶的开关开着，正咝咝地响。他连忙关掉燃气灶，打开厨房的窗户，又冲进卧室，打开阳台的窗户。他一个房间一个房间跑，一扇窗子一扇窗子打开，母亲惊恐地看着他，脸色苍白。母亲说出什么事了吗？他说没事，脸却黑得可怕。母亲垂下头，她知道自己肯定闯下了祸，她不敢多说一句话。

妻子还是知道了这件事。晚上她把母亲叫到厨房，再一次跟她讲解燃气灶的用法。她说多险啊，如果不是他中午回了趟家……母亲说我吹不灭火，就用湿毛巾把火捂灭了。母亲说我不住了，在城里真住不习惯，以后，还不知道会闯下什么祸……

母亲第二天就回了乡下。这时他才想起来，母亲竟一次也没有用过家里的洗手间。母亲腿脚不便，可是她仍然坚持去千米以外的公厕。母亲留下的那些青菜和青玉米，他们吃了很长时间，还是没能吃完，最后只好扔掉了。

第二年春天他的生活发生了重大变故。妻子带着儿子与他离了婚，一个完整的家瞬间破碎。那些日子他每天生活在浑浑噩噩之中，最后被公司解聘了。他变得一无所有，整天闷在家里，借酒浇愁。终于有一天，他在横穿马路的时候，被一辆汽车撞倒在地。虽然没什么大碍，可是需要卧床养伤。医生说，你需要在床上至少躺半年的时间。

母亲再一次进了城。这次是母亲主动要求来的。他不想让母亲看到他现在的可怜模样，他劝她不要来了。母亲说我还是去住些日子吧！他说您不是住不习惯吗？母亲说会习惯的。来的当天母亲就用燃气灶给他煮了晚饭。母亲说，你放心，煮完饭，我不会忘记关掉燃气灶的。

他惊讶地发现，母亲竟然表现出惊人的适应能力。她把冰箱整理得井井有条,每次关冰箱,都不忘看看冰箱门是否关严;她修好了一把断了一条腿的木椅;她把空调的温度调得恰到好处;每当有敲门声,她总是先问一声谁啊,然后再通过猫眼看清门外的来人;她把洗手间和地板拖得一尘不染;她用微波炉给他烤面包;用果汁机给他榨新鲜的果汁。甚至,母亲还帮他发过一个传真,那是他的一份求职材料。

母亲在几天之内迅速变成了一位标准的城市老太太。她无微不至地照顾着自己的儿子,就像在乡下照顾小时候的他。

后来他的心情好了一些,没事的时候,就和母亲聊天。母亲说你想不想买一台计算机。他说买计算机干什么。母亲说你以前不是喜欢写作吗?我记得你读书的时候就喜欢写些东西,其实你还可以写。昨天我去超市买菜,问楼下的老大姐,她说现在写作得用计算机。他说都扔这么多年了,还是算了吧。母亲说不能算了,我明天给你去计算机城问问。我问过那位大姐,她说组装的计算机会便宜一些。我有钱呢。母亲说完,从口袋里摸出一个纸包,打开,里面包了一沓钱。母亲说是我这几年攒的,4 000多元,给你买台计算机吧。

第二天,母亲真的一个人去了电脑城。中午她没有回家,只是打回来一个电话。她说你要17的显示器还是19的显示器?17的便宜,也清晰,但太小,看着可能累眼睛;内存和显卡……那一刻他简直不敢相信自己的耳朵。一个跟泥土打了一辈子交道、识的字肯定不会超过100个的农村老人,竟然说出了显示器、内存、显卡!只要他需要,那么,母亲就必须弄明白这些。因为她在为他做事,因为她是他的母亲。

电脑买回来后,他真开始了写作。开始当然不顺利,不过也零星发表了一些。随着发表量越来越大,他的心情也越来越好。半年以后,他几乎完全变成了另一个人。现在,他不知道等他彻底康复后是继续写作还是找个公司上班。可是不管如何,他想,假如没有母亲的鼓励,假如没有这台电脑,那么,他不知道自己那种灰暗的心情还能够持续多久,他会不会天天泡在酒杯里,永远消沉下去。现在他彻底忘掉了自己的不幸,感觉生活一天比一天美好。

突然有一天,母亲在客厅里摔了一跤。他过去扶起母亲,母亲说,地板太滑了,这城里,我怎么也住不习惯。那一刻他努力抑制了自己的眼泪——

母亲为了他,几乎适应了城市的一切;而他,却从来没有想过让这个家适应自己的母亲,哪怕是换成防滑的木地板。

他说明天我就找人把地板换成地毯。母亲说不用了,明天我想回去。他问为什么?母亲说因为你已经不再需要我的照顾,我留在这里,只会耽误你写作。还有,地里的庄稼也该收了,怕你爹他一个人忙不过来。

他求母亲再住些日子,可是母亲说什么也不肯。她说我真住不习惯。地板、燃气灶、微波炉、冰箱……都不习惯。如果你想我了,就回乡下看我。

他叫一声妈,泪水滂沱——当母亲认为他需要自己,她会迅速改变自己多年的习惯,变成一位标准的城市老太太;而当她认为自己已成为累赘,又会迅速恢复自己的习惯,重新变回一位年老的农妇,远离儿子而去。似乎她的一切都是为他而存在,为他而改变。她的心里面,唯独没有她自己。

心灵悄悄话

有一个人,当你需要她的时候,她会迅速改变自己多年来的习惯来到你的身边;而当她认为自己成为累赘,又会迅速地恢复自己的习惯,离你而去。这个人,就是我们的母亲! 是啊,只因为她是一个母亲,所以她把儿子当成了世界,把自己当成了奴仆,即使那些在儿子看来母亲几乎不可能明白的东西,母亲也愿意为了儿子去弄懂。似乎天下所有的母亲都是为孩子而存在,为孩子而改变,在她的心里面,唯独没有自己。

孝道——
古今百善孝居先

第二篇　实践孝道

德国有句俗语："母亲之爱是最上等的爱，上帝之爱是最高等的爱。"你不一定能感受到上帝怎么爱你，但人生最大最多最专一的爱却来自母亲。父母心，海底针。父母为了孩子，什么苦都能吃，什么罪都可以受。作为子女的良知，就是要懂得感恩父母，用自己的实际行动来实践"孝"这一品德，从而让自己无愧于心。

无论是儒家、佛家还是道家，都对孝持肯定的态度，三家的共识也可以看作我们整个中华文化的共识，也可以说中华民族是一个讲孝道的民族。

居则致其敬

《孝经》云:"孝子之事亲也,居则致其敬,养则致其乐,病则致其忧,丧则致其哀,祭则致其严,五者备矣,然后能事亲。"这五条非常重要,只有这几个方面都做到了,才算是一个合格的孝子。

居则致其敬:父母健在时,当要居敬以礼,仰体亲心以承欢,得尽天伦之乐。人子尽孝的底线也要做到孝敬双亲,这只不过是小孝而已。

子游被列十哲之一,他继承了孔子文学方面的造诣,文以载道,若能将孝的真谛阐扬,最为恰当;另一方面,他个性大大咧咧,不拘小节,在侍奉父母的时候,往往有些疏忽大意,在细节上,常常有意无意当中表现出对长辈不敬之嫌。所以当子游问到"孝"的时候,孔子因材施教,巧妙地回答道:"今之孝者,是谓能养。至于犬马,皆能有养。不敬,何以别乎?"

现在一般所谓的孝顺父母,只认为做到养活父母,就算是孝了。因为当今社会存在着"啃老族",他们不出去做事,日常的开销全都依赖于父母的收入,自己不能养家糊口,使年迈的父母生活陷入贫穷。如果与这些不孝的人相比,养活父母的人要好得多。

其实赡养双亲是很有学问的,它分为"有养""能养""善养"三个层次:

其一,"有养"是指家之父母、国之老人都能得到子女和国家的赡养,生活有人负责,有可靠的保障,没有后顾之忧。父母是子女生命的创造者、养育者,父母的养育之恩比天高,比海深,赡养父母是子女应尽的义务、责任和良心,是一个人的道德底线和法律底线,也是孝道最起码、最基本的内容。

《吕氏春秋》中说:"民之本教曰孝,其行孝曰养。"

《竹窗随笔》说世间有三孝:"一者承欢侍彩,而甘旨以养其亲;二者登科入仕,而爵禄以荣其亲;三者修德励行,而成圣成贤以显其亲。"

其二,"能养"是指子女有能力承担起赡养父母的责任。在《论语》中孔子说："今之孝者，是谓能养。"孔子在《孝经》中把孝分为天子、诸侯、卿大夫、士、庶人五个等次，素称"五等之孝"。孔子认为前"四等之孝"是以固定而丰富的俸禄赡养父母——"彼养以禄"，经济上的赡养不是他们行孝的重点，所以没有展开论述这个问题。**而庶人——百姓，赡养父母则是行孝的重点。**

赡养父母要竭尽全力。《论语》中说："事父母，能竭其力。"《礼记·祭义》中也说："君子反古复始，不忘其所由生也，是以致其敬，发其情，竭力从事，以报其亲，不敢弗尽也。"怎样"能竭其力"呢？

《荀子》中引用孔子的话："夙兴夜寐，耕耘树艺，手足胼胝，以养其身。"意思是，早出晚归，耕地种田，辛勤劳作，手脚都长满老茧，为的是供养父母。

孔子在《孝经》中认为应该"谨身节用"。宋朝理学家真德秀将"谨身节用"释为："念我此身父母所生，宜自爱恤，莫作罪过，莫犯刑责。得忍且忍，莫要斗殴，得休且休，莫典词讼。入孝出悌，上和下睦，此便是谨身；财物难得，常要爱惜。食足充口，不须贪味。衣足蔽体，不须奢华。莫喜饮酒，饮多失事。莫喜赌博，好赌败家。莫习魔教，莫信邪师。莫贪浪游，莫看百戏，凡人皆枉费，便生出许多祸端。既不要枉费，也不要妄求，自然安稳，无诸灾难，这便是节用。"

其三，"善养"是指子女要以充足的钱物从生活条件、生活质量等全方位赡养父母，使父母幸福地安享晚年。赡养父母的范围非常广泛，内容非常丰富。《礼记》中说："孝子之养老也，乐其心，不违其志，乐其耳目，安其寝处，以其饮食忠养之，孝子之身终。"

《礼记》还强调在赡养中要"行之以礼，修之以孝养"，在饮食中孔子强调"有酒食，先生馔"。即家中有美味佳肴，应首先尽父母享用，古代称之为"让食"或"先馈孝"。

《弟子规》也告诫儿童："或饮食，或坐走，长者先，幼者后。"聚餐时应该先让父母就座，然后子女再就座；先让父母动筷，然后子女再动筷；先让父母离席，然后子女再离席……

现在有的家庭对此不太讲究，主位坐的是"小皇帝"，父母在下跑龙套，次序颠倒；更有甚者，子女先上桌狼吞虎咽一番，剩下残渣留给父母。至于让食就更罕见了。即使"让食"，第一口菜也不是加给长辈，而是加给孙子，若遇到孩子不好好吃，爷爷奶奶还追着喂。表面看是一个生活细节，但它却

孝道——古今百善孝居先

反映出一个人的孝心和一个家庭的家风。伦理荒废,纲常尽失,此乃家庭之一大不幸。

如此说来,做好赡养父母也非一件易事。假如是简单的赡养长辈而不以尊敬之心侍奉,那和养动物的嗟来之食又有何区别呢?人在饲养犬马等动物时,不也一样供给它们食物吗?若事亲不敬,即使吃山珍海味,穿名牌服装,住高楼别墅,物质生活再丰富,也不能让二老开心。反之,若诚心供之以粗茶淡饭,茅屋草舍,虽然清贫也必安乐,感觉上自是甘之如饴。**故知奉亲不在厚薄,贵在诚敬;不重物质,重在精神。**

《弟子规》云:"冬则温,夏则清;晨则省,昏则定。"**恭敬应从父母的饮食起居开始,做到无微不至。**

康先生是一位出租车司机,一天傍晚被歹徒打坏了双眼。治疗无效,妻子选择了分手。

"我不能跟你走,我要给我爸夹菜呢!"5岁的小女儿选择了留下照顾爸爸。

父亲不愿拖累家庭,准备自杀,小女儿哭着救了父亲。父亲被孩子感化从此不再有轻生的念头。而懂事的女儿从未在父亲面前抛洒过热泪啊!

她当起小大人儿,买菜、做饭、擦地、帮父亲洗脚,把父亲照顾得体贴入微。她父亲从此过上了正常而又幸福的生活。而这一切都是小女儿给予的,是她把父亲带出黑暗,带向光明。

通常幸福都是父母给我们的,而康先生的幸福则是女儿给的。小小年纪就有如此的孝心,真让人由衷的敬佩。这让我们想起古代另一位大孝子——黄香。

东汉时期的黄香,官居魏郡太守。在他9岁时母亲不幸去世,只有他与父亲相依为命。冬天用身体帮父亲温床,怕父亲冻着,夏天用扇子把床榻扇凉后才让父亲安睡。这么小的年纪,就有这样的孝行,由于他的这种高尚德行,被世人称之为"天下无双,江夏黄童"。

那我们今天该如何做呢?现在条件好了,冬天有暖气,夏天有空调,我们也要考虑到,家里是否干燥,需不需要加湿器? 空调有没有对着父母吹? 会不会得空调病? 水龙头关好了吗? 煤气阀门拧住了吗? 生活的点点滴滴都要考虑周全,不能让父母有任何不安而睡不踏实。

孝道是我们为人的根本,不论你的年龄、身份、地位,都不能离开孝道。

汉高祖刘邦当了皇帝以后,回到家中,他父亲要给他下跪,欲行君臣之礼,刘邦赶紧扶起父亲道:"父亲万万使不得,不要折煞儿呀。"

他的父亲说:"现在你是皇帝,我是你的臣民,这君臣之礼,还是要的。"刘邦赶紧跪下来说:"没有父亲,哪有我这个皇帝?"最后刘邦坚持行了父子之礼。

林则徐说过:"不孝父母,拜佛无益。"有信仰的人,对待自己信仰的神明特别虔诚和尊敬。其实父母对我们的爱,就像神明般的博大、无私,有求必应。可是我们还记得这一博大而无私的爱吗?

杨黼,是安徽省太和县人。因感悟到人生的无常,立志修道。杨黼辞别双亲后,跋涉千里,到四川拜访高僧无际大师求学佛法。

当杨黼见到无际大师时,大师问他:"你从哪里来,到四川来干什么?"杨黼答道:"我从安徽来,参访无际大师,想跟大师学习佛法。"大师说:"你见无际大师不如见真佛。"杨黼惊奇地问:"我自然很想见真佛,但不知真佛究竟在哪里,请老和尚慈悲开示。"大师说:"你赶紧回家,看到一位肩披棉被,倒穿鞋子的,那就是真佛。"

杨黼听后深信不疑,便昼夜兼程地往回赶,急于要见到真佛。一个月后,杨黼才赶到家,这时天色已晚,杨黼敲门唤妈妈来开。得知久别的儿子归来,妈妈欢喜得从床上跳起来,来不及穿衣服,披着棉被,倒跐着鞋子,匆匆忙忙地把门打开。当杨黼见到披衾倒屣的妈妈时,顿时醒悟,父母就是自己应该天天供养、日日礼拜的活佛呀! 自此以后,杨黼竭尽全力地侍奉双亲。

弥勒佛说:"堂上有佛二尊,恼恨世人不识;不用金彩装成,非是栴檀雕

孝道——古今百善孝居先

24

刻;即今现在父母,就是释迦弥勒。"人道都做不好,还想成圣成贤,那岂不是异想天开吗? 只有人道成,才能达天道。

心灵悄悄话

许多养宠物的人,一回到家就问:猫吃了吗? 领狗散步了吗? 狗儿子、猫弟弟,一会儿亲,一会儿抱。可是,把父母扔在一边不管,不闻不问。有没有问候过母亲:"您今天有没有不舒服? 血压还正常吗?"有没有关心过父亲:"您吃饭香吗? 血糖高吗?"这一对照我们难道不寒心吗? 难道父母还不如畜生重要吗?

养则致其乐

养则致其乐：要让父母开怀、无忧，少为我们操心、牵挂。孩子能做到此地步也算是孝顺了，可这也只是达到了中孝的境界。

孝顺并非一味地妥协，当然父母做得对，我们要言听计从；可父母做得不对，我们身为子女有责任劝谏父母改过，并且要和颜悦色，而不是嫌弃和埋怨。如果父母依旧不听，我们只好等父母心情好的时候再劝，甚至可以哭着哀求，就算父母打骂我们也无怨无悔，真正做到了如《弟子规》所说的："谏不入，悦复谏，号泣随，挞无怨。"我们绝不能陷父母于不义，假如父母犯了重大过失，甚至锒铛入狱，这多少也跟子女没有劝谏有关。

天下无不是的父母。俗云："子不言父过，臣不论君非。"孩子四处张扬父母的过失就是大不孝，臣子私下谈论国君的是非就是大不敬。不张扬不议论，并不等于不劝谏，而是谏之有方，不使父母与君面子上难堪。

楚国的叶公对孔子说："我们这里的年轻人非常正直，能够大义灭亲，父亲偷了羊，儿子就去揭发。"孔子听了摇摇头说："我们那里的正直和你们这里的不同，父亲偷了羊，儿子就会为父亲承担罪过；儿子偷了羊，父亲就会为儿子承担罪过，因为这毕竟有人伦亲情在。"

教化世道人心，非以牺牲亲情为代价，更不能用严苛刑律来治理，唯赖道德感召，须借大爱接引。只有真诚相待，真心感化，真情打动，通过真理启发，方可使其恢复良知良能。子曰："道之以政，齐之以刑，民免而无耻；道之以德。齐之以礼，有耻且格。"

如若父母德薄，子女不可轻视与忤逆，再德薄的父母，仅凭对子女的养育之恩也足够了。所以**我们要用妥善的方法去劝谏，弥补父母的不足和过失，这才是真正替父母着想，也是爱的具体表现**。

一个真实的故事，发生在 1988 年的重庆：

孝道——古今百善孝居先

9岁的陈颖峰父母离婚了，面对残酷的现实与痛不欲生的母亲，小颖峰难过极了，但他不怨恨父母，暗下决心，一定要设法使父母重归于好，让家庭破镜重圆。

在母亲生日时，小颖峰用积攒的钱买来生日蛋糕，说是父亲送的，母亲由此忆起昔日之旧情，之后他又以母亲的名义邀父亲来吃饭，使父亲感到妻子并没有忘了自己，同时小颖峰每天放学跑很远的路去看望奶奶，星期天帮奶奶干家务、买菜等，奶奶觉得不能让这个家破裂，于是劝说儿子向媳妇认错，并亲自劝说儿媳，看在这么懂事的孩子分上，让他们和好。

年底颖峰被评为"三好学生"，父母向他祝贺，问他要什么奖品，颖峰流着泪说："我什么也不要，只要我们三口人生活在一起。答应我吧，好爸爸，好妈妈！"父母泪流满面，深深地感到对不起孩子。

次年春节，这个破了的家，终获重圆。

小颖峰并没有去指责父母，以赤子之爱，谱写了一曲感人肺腑：以子劝父母的篇章。他并没有学过《孝经》与《弟子规》，9岁年龄，其言行纯粹发自天性之本有。

我们没有了解颖峰的父母为什么离婚，特别是有了儿女之后，除了万般无奈，没有人愿意选择离婚。多少母亲饱受对方变态狂的打骂折磨，多少父母早已没有了共同的语言，为了儿女在死亡婚姻的囚笼中度过一生！这哪里是做儿女能体会到的……愿天下为人子女者，**对父母说话要三思而慎言，千万不要在他们受伤的心灵上再刺伤他们，这是父母绝对承受不了的**……

春秋时期的楚国有个叫老莱子的孝子，当时已经六七十岁了，为了让父母开心，竟然穿起花衣，跳起舞来；又有一次他学着孩子的模样挑水，故意摔倒，而放声哭泣，以此来逗父母开心。

这个故事被列为二十四孝之一，虽然老莱子给人以滑稽的感觉，但他告诉我们一个事实，那就是**我们在父母的眼里永远都是孩子**。

我们在父母面前即使做做小丑也无妨，因为这样能使双亲快乐，然而，某些人不懂得角色转变，平时老总当习惯了，回到家里也给孩子、妻子、父母当起了老总。

诗云："**慈母手中线，游子身上衣。临行密密缝，意恐迟迟归。谁言寸草心，报得三春晖。**"无论我们置身何处，父母时刻都在牵挂着我们。

从前有个孩子比较孝顺，每天准时下班回家，后来当了经理，应酬多了起来，回家的时间也越来越晚，由原来晚上的 7 点，推迟到 8 点、10 点、12 点，他心里很不安，所以劝母亲不要等他，母亲怕孩子担心，于是就每晚不再等孩子。

一天，他又凌晨才回家，刚躺下不久，想起还有一份重要的合同没有起草好，所以又起身去客厅拿自己的公文包，忽然发现有一个黑影晃动。他一下子紧张起来："难道家里进了贼？"这时，他看到，这个黑影蹑手蹑脚地走向鞋架，然后用手摸鞋，并抱起来挨个地闻了一遍。

天哪！原来这竟然是母亲。其实，母亲每天都佯装睡觉，等到半夜起来，再来通过闻儿子熟悉的脚汗味，来确定儿子是否平安回到了家。儿子心里一阵酸楚，暗暗发誓："妈，我不能再让您操心了，我再也不这么晚回来了。"

这就是几乎所有母亲的心，母亲的心会以各种方式惦念我们，无论你年龄多大，只要母亲还活着，这是一种说不清的情怀，这是一种没有理由的慈爱。

孔子说："**父母在，不远游，游必有方。**"在今天工商社会中，常年守在父母身边也不太现实，但我们至少也要做到及时告知。无论我们在国内还是国外，无论是旅游还是出差，下了飞机、火车，第一个任务就是打电话给父母报平安，让二老不要为你操心。尤其常年在外的人，更应该定时与父母通话，并随时牵挂父母的安危。

甚至有时候，对儿女的牵挂可能就是支撑老人活着的唯一理由。

有一个刘老汉，左邻右舍都管他叫"日本老头儿"，当面叫他，他也不恼，好像是默认了。刘老汉有两个儿子，其中一个在日本，据说要把老爷子接过去。老人每天做的最重要的一件事，就是邮递员送信的时候他等在那里，就是等信这件事每天支撑着他的生活。后来，他索性不让邮递员送信了，天天

孝道——古今百善孝居先

跑邮局自己去拿,跟邮局的人都混了个脸儿熟。人们都知道他在等儿子的信,也都知道儿子要带他去日本享福。

儿子曾经是个警察,后来托朋友关系去了日本。没有任何特殊技能的他只能靠打工谋生,艰难可想而知。然而即使再难,也不能让84岁的老父亲知道,每次写信只是报喜不报忧。老父亲怕影响儿子的事业也是报喜不报忧。

谁知两年后儿子突然回国,一进家门,家中的情形让他愣住了:马桶坏了,厕所里积了一周的大便;地上的尘土积了很厚;老父亲已经不能给自己做饭了,全靠邻居和居委会做一些吃的送来,有一顿没一顿的。问他为什么不打电话叫房管所来修马桶,才发现老父亲手抖得已经打不了电话了! 40多岁的汉子不禁流下了眼泪。

儿子回日本后迅速为父亲办好了探亲的一切手续,然后再次回到老人身边。谁都知道老人要走了,理了发,换上新衣服,平日落寞的脸上也有了笑容,高高兴兴与邻居们告别,随儿子去了日本。

《孝经》开宗明义:"**身体发肤,受之父母,不敢毁伤,孝之始也。**"可有的人暴饮暴食,昼夜颠倒,把自己的身体搞坏了;还有的人在身体上文身打孔,拉皮割肉,把身体搞得千疮百孔,这些都让父母担心,都是不孝的表现。

孟武伯问孝,子曰:"**父母唯其疾之忧。**"

据史书《左传》记载,孟武伯平素仗势欺人,欺压百姓,专横跋扈,负气好胜,不知惜身,打架斗殴,傲慢无礼,不可一世。所以当孟武伯问什么是孝时,孔子借机教诲:父母爱子之心,无微不至,时时唯恐儿女有疾,日夜担忧。为人子女者,当善体亲心,外防病魔,内除妄心,使神安体健,以慰亲心,是为尽孝。

换个说法,言外之意就是**不要给父母惹事,少让二老牵挂操心**。因为父母随时担心你在外闯祸,把别人打伤,同时也怕你纵欲损害了健康,或者被人打坏。要知道你的身体健康、平安对父母来说都很重要。

王凤仪16岁时在外地做小工,有人欺负他,他都不与人争论,默默忍受,旁人都看不过去了,问他为何不反抗,跟对方论个长短,难道是怕对方吗?

他很谦卑地回答:"离家好几十里,好好做活,妈妈都还天天挂念着我呢！要是再和人打架，万一传到我妈耳朵里，不就更不放心了吗？我是怕妈妈惦念我，才学老实，我哪是怕他呢？"

然而有的孩子自私自利，根本不管父母的死活，对双亲的操心、担忧全然不顾，任意作为，其结果让长辈痛心疾首，甚至遗憾终身。

新西兰的一个留学生因为打架斗殴，结果被当场打死，他的母亲在国内接到噩耗，当时就昏倒了。父母辛辛苦苦送儿子出国学习，希望全部寄托在他身上，日盼夜盼，盼来的却是儿子的死讯。人家的父母去国外参加孩子的毕业典礼，捧回的是硕士、博士的文凭，而这对父母千里迢迢赶来，却是要把儿子的骨灰捧回国，这让父母怎么能够承受得了这样的悲痛呢？

《圣经》云："**智慧之子，使父亲欢乐；愚昧之子，叫母亲担忧。**"所以脾气暴躁、好勇斗狠的年轻人，千万不要逞一时之愤，酿成千古之憾啊！不念别的，就念在父母牵挂你的分上，也应该感到无地自容了。

孔子的弟子当中，曾子以孝闻名，可以说《孝经》就是孔子专门为他而作。曾子对孝道的体悟和践行，让我们现代人更是望尘莫及。

曾子在临终时把弟子们叫来说："你们来把我的被子掀开看，看看我的手、脚，是不是还好好的？"弟子们认真地看了他的手脚说："一切安好。""那我就放心了，我再也没有机会伤害我的身体了，总算保全了父母给我的完整之体。"圣人都是这么谨小慎微地在实践孝啊！我们又怎能不身体力行、效法学习呢？

心灵悄悄话

在今天工商社会中，常年守在父母身边也不太现实，但我们至少也要做到及时告知。无论我们在国内还是国外，无论是旅游还是出差，下了飞机、火车，第一个任务就是打电话给父母报平安，让二老不要为你操心。尤其常年在外的人，更应该定时与父母通话，并随时牵挂父母的安危。

孝道——古今百善孝居先

病则致其忧

病则致其忧：父母生病时，要担忧父母的病情，并赶快求医诊治。

子曰："父母之年，不可不知也。一则以喜，一则以惧。"我们的父母年龄越来越大，一方面我们高兴父母健康、长寿，另一方面我们要时刻担心、警惕，父母可能随时会离开我们。

文王的母亲病了，他一直在母亲的病榻前侍候，三天三夜未合眼，并亲自尝药、喂药，真正做到了《弟子规》中所说的"**亲有疾，药先尝，昼夜侍，不离床**"。很快文王的母亲病好了，原因有两个：一个是药好，另一个就是她有这么孝顺的儿子，让她欣慰。他的孝行感动了周围的大臣和百姓，所以孝道在民间广为流传，正如《大学》所说："上老老而民兴孝。"

嘉信医药股份有限公司董事长蔡光复先生，他的父亲患了严重的胃病，须做胃镜检查。从未做过胃镜的父亲，询问儿子做胃镜的情况，儿子一时回答不上来，对父亲说："我明天告诉您。"随后跑到医院，给自己做了一个胃镜检查，经亲身体验，才知道这项检查是如此痛苦难耐，但老父亲又必须进行此项检查，如何向父亲陈述确实犯难。第二天，他委婉告诉父亲做胃镜的过程。让老人减少心理压力与恐惧不安。

不仅如此，老父亲的肾功能也衰竭了，当他得知后，毫不犹豫地要把自己的肾移植给父亲，经检验，他与父亲的肾不能匹配而作罢。

古有文王替母尝药，今有蔡光复替父试胃镜，甚至想割肾救父，充分体现古今孝心是一样的。

常言说："久病床前无孝子。"然而不久前大连的一个记者，通过她自己的一篇报道，向我们展示了另外一个答案——久病床前有孝子。

《大连晚报》在头版头条报道了这样一篇感人的故事：23 岁的王希海照顾着因脑血栓而变成植物人的老父亲长达 24 年，并且放弃了出国的机会与成家的念头，一心一意、无微不至地照顾着久病卧床瘫痪的老父亲，使 80 多岁的老父亲安然无恙而又活得非常有尊严。

孝心原本就是每个人具有的天性，此天性亘古不移，万世不衰；时至今日孝道衰落，天性蒙蔽，故重提孝道，愿人人回归至善之境，恢复良知良能，父慈子孝，家和国兴。

丧则致其哀：万一父母不幸去世，办理丧事当致哀依礼，以尽悲戚之情。

中国一位诗人桑恒昌，他的怀亲诗《心葬》把丧亲之情表现得淋漓尽致，到了无以复加的地步——

女儿出生的那一夜，
是我一生中最长的一夜。
母亲谢世的那一夜，
是我一生最短的一夜。
母亲就这样，
匆匆、匆匆地去了。
将母亲土葬，
土太龌龊；
将母亲火葬，
火太无情；
将母亲水葬，
水太漂泊；
只有将母亲心葬了，
肋骨是墓地坚固的栅栏。

现在的葬礼有的草率了事，有的铺张浪费，有的请亲戚朋友大吃大喝，还有的邀来歌舞团助威，个别人为了招揽人气，还邀来跳脱衣舞的，做出了伤风败俗的事情，让过世的先人蒙羞，哪里还有失去父母的伤感和悲痛呢？！

父母健在时，如果我们能极尽孝顺，又何必在死后大做文章呢？古哲

孝道——古今百善孝居先

云："万金空樽思亲酒，一滴何曾到九泉，与其死后祭之丰，不如生前养之薄也。"其实，孝顺父母不论贫富，贵在一颗真诚心。你有钱能孝顺父母，这个容易做到。俗话说："**家贫方显孝子。**"贫穷还能孝顺父母，这更难能可贵。

在父母心中的"天平"上，只要有了孝心，富裕子女给的 100 元钱和贫困子女给的 10 元钱，其"价值"是相等的。

一副对联写得好：

百善孝为先，原心不原迹，愿迹贫家无孝子；

万恶淫为首，论迹不论心，论心世上无完人。

此联虽非圣贤之境界，但若能在迹与心上做到，将会对整个社会移风易俗起到积极的作用。

孔子的得意门生子路，性格直率勇敢，十分孝顺。早年家中十分贫寒，常常靠采野菜充饥，为了母亲能吃顿米饭，不惜从百里之外背米回家。父母死后，他做了大官，奉命到楚国去，随从的车马有百余辆。坐在垒叠的锦褥上，吃着丰盛的筵席，他忍不住悲泣说："要是父母还在世，能够吃到这些该多好啊！"孔子赞扬说："你侍奉父母，可以说是生时尽力，死后思念啊！"

孔子说："敬亲爱亲的孝子，不幸父母死了，不能再见到父母的面，也不能再尽侍奉父母的心了，心里非常哀痛，哭的声音也不能委婉了。礼貌上也乱了，礼节上的庄重也顾不及了。因哀伤忧虑，以致说话也急促不文雅了。穿上漂亮的衣服，心里也不安了。听到美妙的音乐，心中也不觉得快乐了。吃了可口美味的食物，也不觉得香甜了。这些都是悲伤忧虑的真情呀！"

祭则致其严：祭祀的时候，应时时追思其德，刻骨铭心，于一定的时节依礼诚祭，以安其在天之灵，以尽为人子思慕之心，就像父母还活着那样恭敬。

子曰："事死者，如事生。"佛有盂兰盆会，道有中原普度，儒有祭祀大典，我国也有"清明节"，这一切都标志着人们对祖先的怀念与追思。

春秋之前，父母之丧，需服丧三年，这是古人权衡人情所制定的通礼，上自天子，下至庶民，没有不遵守的。然而孔子的弟子——宰我，却不以为然。

宰我问孔子说："依礼制来说，为父母要服丧三年，我以为一年就够长了，何必定三年呢？君子在三年的丧期中不去习礼，那仪节必然会生疏、败坏；三年不去奏乐，那音律必然会生疏而荒废。一年天运一周，时令和事物都已变更，去年收成的谷子已经吃完，当年新收成的谷子也已经登场；四季钻取火种的木头，也依次取遍，重新更换。可见居丧满了周年，似乎也可以终止了。"

孔子说："父母去世，还不到三年，你就吃那稻米饭，穿那有文采的锦衣，你能心安理得吗？"

宰我回答说："安啊！"

孔子说："你既然心安，那就这样去做好了！说到君子在居丧的时候，因为心里悲伤，即使吃美味的食物，也不觉得甘美；听美好的音乐，也不觉得快乐；住华美的房屋，也不觉得安适，所以不忍心只守一年丧。现在你既然说心安，那就这样去做好了！"

宰我退身出去，孔子对门人说："宰我真是不仁啊！一个婴儿从出生以后，自孩提要有三年的时间，才能离开父母的怀抱。父母的恩情，本是儿女报答不尽的，古人所以制定三年的丧期，不过略报初生三年抚育怀抱之恩而已。为父母服丧三年，是天下通行的丧礼；宰我难道会有三年报恩之诚，来发出对父母的敬爱吗？"

春秋战国，礼崩乐坏，三年之丧，已很久不通行了。当时的诸侯，当他们的父母去世，还停尸在堂上没有举行葬礼时，就急于去参加列国的盟会，甚至亲迎他国的女子，其余卿大夫则可想而知。晏子的父母去世时，晏子睡在草垫上，当时的人都以为奇异，可见当时一般士人早已不知道这项古礼了。事实上父母恩重如山，正如寸草之报春晖，哪里能报得尽呢？只能终身尽孝而已。孔子这种基于人性所主张的孝道和居丧敬爱之礼，足以弘扬人性，敦厚人伦。

然而现今亲情渐疏，纲常紊乱。有些不孝之子，上坟祭祖时，喜笑颜开，吃喝玩乐，没有一点追思感念祖先的味道。这怎能不让九泉之下的祖先感到难过呢？更有甚者连祖宗都忘了，根本不去扫墓。苏格拉底说："不爱自己的父母,又怎能把这爱施与他人呢?"

一个人连自己的祖宗、父母都不要了,他也绝不会爱国家、爱人民,如果说爱,那背后一定有企图、有目的。

今日工业社会,三年之丧,确有不便,但报答父母祖先的方式,便在于终身尽孝,以身行道,扬名于后世,方是应机、应时之策。

中国人的观念是"树高千丈,落叶归根"。这是主张不忘本,而不忘本则能培养出仁厚的民族道德,使祖先遗德、圣贤礼教绵延不绝,这是中国人喻意"不死"的另一种解释,亦即说人死之后,已将精神传给下一代,故为不死。

孟懿子问孝,孔子对曰:"无违。"

孔子犹恐孟懿子不明礼制,乃借辞告诉樊迟"无违"之意:"生,事之以礼;死,葬之以礼,祭之以礼。"

若能依此三礼,生死葬祭得以兼顾,可谓尽孝道了。

樊迟高兴极了。在孔子曾经说过的有关孝的话语里面,他发现了"不违"两字;现在他可以从这里摸到线索,来表示他了解孔子对孟懿子的回答。然而,当他试图把"不违"和"无违"联系在一起时,他脑子里瞬间竟是一片混乱。他发觉"不违"是人子劝谏父母的过错,必须始终不违尊敬父母的原则,很明显地是指父母还在世而言。但"无违"则似乎有不同的地方,最起码孟懿子的父母已经去世了啊。这两句表面看起来相似,意义却不相同的话,反而给他带来了更大的困惑。

"想什么?"

背后的孔子,还在等他表示意见。樊迟虽然感到难以启口,但再也想不出该如何回答了。

"我一直在思索'无违'的意思,却始终不能了解。"

"连你都不懂我的话,那孟懿子就更不用说了。"

樊迟只得硬着头皮又说:"我想了很久,还是不懂。"

"也许我讲得太简单了。"

"到底是什么意思呢?"

"我的意思是不背礼(理)。"

"哦——"樊迟把头点了点,他觉得太平庸了,刚才不应该想得那么深入。

孔子接着说:"就是说,父母在世的时候,做儿子的要依礼侍奉,父母去世了以后,做儿子的要依礼安葬,依礼祭祀。"

"既然是这个意思,那么我想不用老师再多解释,相信孟懿子一定知道的。因为他学礼也有相当的功夫。"

"不!我不这样认为。"

"可是,孟懿子最近将要举行一次很隆重的祭典……"

"你也听说了?"

"详细情形我是不知道,但听说这次祭典,打算要比以往的都要来得隆重呢!"

"原来的方式不可以吗?"

"当然没有不可以的道理。不过做儿子的,总希望父母的祭典能更加隆重,应……"

"樊迟!"

不等樊迟说完,孔子就打断了他的话,同时声调也提高了许多。孔子已了解后面将听到什么。

"看来你也没有彻底了解礼的意义。"

樊迟从御车座位转过头来,惊讶地望着孔子。

孔子神色依然不变,只是声音越来越沉重:"礼,不能过于简略,也不能过于隆重,过犹不及,同样都是违礼的。每个人各有他们不同的身份,不落后,也不僭越,这才符合礼的真意。如果僭越自己的身份来祭祀父母,不但会使父母的神灵蒙受僭礼之咎,而且,身为百姓模范的大夫违犯礼制,也将导致天下秩序的紊乱。这样一来,父母的神灵又另外沾了紊乱天下的秩序之罪,这还能算是孝吗?"

樊迟再也不敢回头看孔子。他失神似的望着前面的路,呆呆地赶着车。

当然,在送孔子回去以后,樊迟马上拜访了孟懿子。如果孟懿子举行的这次祭典,目的不是夸耀他的权势,而是真心要安慰他父母的神灵,那么,樊迟这次的拜访,对孟懿子而言,必会给他带来重大的意义。

父母生前的侍奉是要尽到亲爱恭敬的心,若不幸父母丧亡了,要尽到悲哀忧戚的礼,心和礼都尽到了,生养、死葬的大义,都齐全了,如此,孝子事亲的道理,到这时才可以说是圆满地终结了。

所以曾子云:"慎终追远,民德归厚矣。"在父母寿终的时候,办理丧事,要谨慎地尽礼尽哀;祖先殁后,虽然为时久远,举行祭祀,仍须诚敬追念,在上位的人如果这样不忘本,百姓受了感化,风俗道德自然归于淳厚了。

心灵悄悄话

父母健在时,如果我们能极尽孝顺,又何必在死后大做文章呢? 古哲云:"万金空椟思亲酒,一滴何曾到九泉,与其死后祭之丰,不如生前养之薄也。"其实,孝顺父母不论贫富,贵在一颗真诚心。你有钱能孝顺父母,这个容易做到。俗话说:"家贫方显孝子。"贫穷还能孝顺父母,这更难能可贵。

孝道榜样——一段留错言的电话录音

那一年,大学毕业后等待了很久我也没能找到理想的工作。后来,我看到很多同学都一个个欢天喜地上班去了,焦虑的我开始把自己的一切不如意都迁怒到了爸爸身上。我气愤地指责爸爸没有一点儿用,整天就知道弄点儿酒,在一日三餐前满足地抿上几口,根本就不知道关心我,他那么窝囊,难怪我会找不到工作。

那天父亲对我这样没大没小的指责大发雷霆,我从来没有见过父亲生这么大的气。不过,我也毫不示弱。这么多天来我的肚子里早就憋了一团火,现在,父亲的生气只不过是帮我拧开了这个气门芯而已。我对父亲没头没脑地大吼一顿后,就扔下他头也不回地从家里搬了出去。

在离家不远的另外一个城市里,我租了一间七八平方米的小屋子,然后仍然四处出击,去参加各种人才交流会。我知道,以后,我别想再指望我那个一点儿用处都没有的父亲了,未来的一切我只有依靠自己了。走在飘满落叶的陌生城市里,我又想起因病过早去世的母亲,不禁流下泪来,如果母亲仍然在世上活着,就会有人惦记着我、关爱着我了。

一天,我上商店里买了一箱方便面,准备做未来一个星期的口粮。我正垂头丧气地抱着那箱方便面往租住的小屋里走去,忽然听到身后有人叫我的名字。回头一看,是我上大学时睡在下铺玩得最要好的一个哥们儿。他兴奋地一掌拍在我的肩膀上,说:"嘿,小子,毕业后玩失踪呀,怎么连个手机也不买呀,我打电话到你家里,伯父说他也正满世界地找你哩。"我惨笑道:"你看我这穷酸得饭钱都没有了,哪还有钱去买手机呢?"想起他说我父亲正满世界地找我,我有点儿疑惑,他会满世界去找我吗?

那天在我那个同学的引荐下,根本没费什么工夫,一家公司就答应录用我。晚上,我拉着他下了馆子,一定要用手中剩余不多的钱请他撮一顿。

孝道——古今百善孝居先

最后，我俩都醉了，相拥搀扶着走在那个城市昏黄的路灯下。我忽然想应该把我的喜悦告诉我的女朋友，我曾经发誓，如果我找不到工作，就绝不跟她联系。我对同学说："把你的手机拿来让我用用，我要打电话。"我那个同学边掏手机边问："给谁打电话？"我说："废话，这时候还能给谁，当然是我最亲爱的人了。"我接过他的手机，结果两眼发昏，那一串按键总是让我按错，我把手机递给他，头脑依然清晰地说："我……我喝高了，你替我拨打她的号码。"

我的女朋友是我们上大学时的同班同学，我这个下铺的兄弟当然清楚我们亲密的爱情了，他也知道她家的联系方式。他按下一串号码，然后把手机递给了我，电话通了，那边却没有人接，我正疑惑，这么晚了她能上哪儿去？电话那端却传来了系统录音提示的声音："你好，这是录音电话，有事请留言……"什么时候她家的电话开通了录音功能？我按照系统的提示说明，借着酒意对着手机温柔地说："你好，是不是还没睡觉，我这边你不用担心了，我已经找到了工作。天气就要变凉了，出门的时候记着要多加些衣服，你不知道这些天我是多么的想你，可咱们在一起时我还曾没心没肺地和你吵。希望你能原谅我，这些天我总是梦见你，你不知道我是多么想立刻地见到你啊！"我一边说，一边用眼睛偷偷地看着我的那个同学，我怕说出什么肉麻的话来让他见笑，可是，奇怪的是，以往总是喜欢嘻嘻哈哈的他此时却安安静静地看着我，没有一点儿嘲笑我的意思。我慌忙把电话挂上了。

想不到，第二天一大早，我还没起来，父亲却来到了我租住的那间小屋。在他身后，跟着我的那位同学。父亲见到我眼泪就出来了，我的那位同学说："看你昨晚的电话留言说得那么煽情，当时我都感动了。伯父说昨晚回家听了你的留言，根据来电显示打了我的手机，想不到他连夜拦了个车就跑来看你了，早上我手机刚打开，他的电话就又来了。"我莫名其妙，怎么，昨晚我的留言不是给我的女朋友的？我疑惑地看了父亲一眼，却分明看到他脸上布满沧桑，稀疏的头发里夹杂着丝丝白发，父亲是那样的憔悴，半个多月不见，他分明衰老了许多。我突然明白了，昨晚，我告诉同学说要打给最亲爱的人的电话，我想的是女朋友，他想的却是父亲呀。

父亲又是高兴又是流泪，说："儿子，爸对不起你，爸老了，不中用了，工作上只会着急却一点儿也帮不上你。我不该整天喝闷酒、想你去世的妈妈，爸知道你想我，可爸更想你呀。你离家出走的这些天，爸每天都要四处寻找你，爸知道你会给我打电话的，爸怕错过了你打电话，就开通了来电显示和录音功能，这不，爸一接到你的电话就立刻来看你了……"

我什么都明白了，一下子扑到父亲的怀里，父子俩抱头痛哭。

我那个留错了言的电话，就这样轻易融化了横亘在我和父亲之间的坚冰。然而，我不敢跟父亲说明电话里那段留言的真相。后来，因为工作上的事，我经常天南海北地跑，父亲总在家守着那个电话，家中那部电话的来电显示和录音留言功能他一直没有取消。父亲说，他怕错过任何有关我的信息，我那天晚上那一段留错了言的电话录音，父亲一直舍不得删去。他说，每当他想我的时候，他就把我那段电话留言再放一遍听听……

心灵悄悄话

父亲总是扮演坚强宽厚的角色，在坚强的背后，有一双对我们殷切期待的眼睛。父亲的爱，是激发力量的精神源泉，是滋养心灵的情感甘露，是塑造优秀人格的教科书。纵使是丹青高手，也难以勾勒出父亲那坚挺的脊梁；即使是文学泰斗，也难以刻画尽父亲那不屈的精神；即使是海纳百川，也难以包罗尽父亲对儿女的深情！

孝道——
古今百善孝居先

第三篇　感恩孝道

　　张中行先生曾说："生是一种偶然,由父母至祖父母、高祖父母,有多少偶然凑在一起才能落到你头上成为人。上天既然偶然让你降生,那么要善待生,也就是要善待人。"

　　作为子女,一方面要为父母的长寿而高兴,另一方面也要为父母的衰老而伤心。也就是说,我们一定要时时牢记为父母尽孝,父母老了,身体不好了,子女需要以实际行动来证明自己可以赡养父母。不会对亲人感恩的人,幸福将远远地离他而去。

　　孝是一切道德和爱心的根源,是一种感恩,是一个人为人处世的根本,是做人的基本要求。

为了父母我们要好好地活着

孔子在跟曾子论孝的时候，告诉他"身体发肤，受之父母，不敢毁伤，孝之始也"。曾子一直牢记着这一点，很注意保护自己的身体。在他重病弥留之际，他叫自己的弟子小心地掀开被子，看看自己的身体可有什么毁伤，然后他引用《诗经》中的话，对弟子说为了保护自己的身体，不让父母忧虑，自己可真是特别小心谨慎啊。

古往今来的孝子都特别注意爱惜自己的生命，不仅是因为求生的本能，也是因为要以完好的身体向父母交代。

"可怜天下父母心"，年少的你可能并没有深刻的体会；**"儿行千里母担忧"**，无畏的你也许不以为然。母亲十月怀胎让我们来到这个世界，是她给了我们生存的权利，我们是否更应珍惜自己的生命呢？

有个老人一生十分坎坷，年轻时由于战乱几乎失去了所有的亲人，一条腿也在一次空袭中被炸断；中年时，妻子因病去世；不久，和他相依为命的儿子又在车祸中丧生。可在别人的印象之中，老人一直爽朗而随和。有一次，某个人按捺不住好奇，冒昧地问："您经受了那么多苦难和不幸，可为什么看不出一点伤感？"

老人默默地看了此人很久，然后，将一片树叶举到那个人眼前。

"你瞧，它像什么？"

那是一片黄中透绿的叶子。那个人想，这也许是白杨树叶，可是，它到底像什么呢？

"你能说它不像一颗心吗？或者说就是一颗心？"

那个人仔细一看，真的十分像心脏的形状，心中不禁轻轻一颤。

"再看看它上面都有些什么？"

老人将树叶更近地向那个人凑去。那个人清楚地看到,那上面有许多大小不等的孔洞。

老人收回树叶,放到掌中,用厚重的声音缓缓地说:"它曾遭受过狂风的摧残,它也在春风中绽出,它被雨无情地拍打过,但它也在阳光中长大。从冰雪消融到寒冷的深秋,它走过了自己的一生。这期间,它经受了虫咬石击,以致干疮百孔,可是它并没有凋零。因为它要为自己的母亲而活,那就是树。无论世间对它再怎么摧残,它都爱惜自己的生命,因为树给了它生命。我虽然失去了很多,但是我一定要好好地活下去,珍惜父母赐予我的生命。"

人的生命只有一次,是父母给予我们的,无论我们是否能与父母一直走下去,父母的愿望就是自己的孩子健康成长,我们也需要更加爱惜自己的身体,不让父母担惊受怕。

明代的朱柏庐在《劝孝歌》中写道:十月胎恩重,三生报答轻。这句话的意思是,母亲怀儿十个月的恩情,就算用三生三世来报答,也偿还不完。

据说古代宋国有个人特别孝顺,在父母生前,他每日都尽心尽力地奉养父母;父母仙逝之后,他因为过于哀伤,形销骨立。大家看到他憔悴的模样,纷纷称赞他的孝心。这件事传到宋国国君的耳朵里,国君被这个人的孝行感动,于是赏赐了他很多财物银两。

这件事情被传开之后,许多人想得到国君的赏赐,于是纷纷效仿那位孝子的样子,故意毁伤自己的身体,有很多人竟然因此而死。

这些效仿者的行为实在是大错特错:一则皇帝犒赏孝子,是因为他拥有真诚的孝心,如果众人想要模仿,也应该模仿孝子的孝心才是;二则"身体发肤受之父母",为了财物而毁伤自己的身体,违背了孝的本意,与孝子的行为南辕北辙。自然,他们这样的做法得不偿失。

青少年朋友们,面对"生"和"死"的选择,只要良心不亏,便要活下去。**活着便是一种幸福,一种资本,一种最大的享受。**因为只有活人才有资格谈论将来,谈论梦想,谈论虽然短暂但可以变得充实的人生,才有更多机会孝

孝道——古今百善孝居先

44

顺父母。

每一天，都有人在结束自己年轻、宝贵的生命。**在自以为得到解脱的时候，他们非常自私地把痛苦留给了年迈的父亲、母亲。**他们在学校里学到了知识，却忘却了自己，忘却了父母，忘却了亲人，忘却了感恩。

他们永远不会再体会到做父母的辛苦，也永远想不到母亲伤痛欲绝的样子，他们只是为自己活着，方式已经并不重要。不会对亲人感恩的人，幸福将远远地离他而去。

不知为什么，小洛近日情绪低落，学习成绩让她感到很不顺心，她消极的情绪又直接地影响了她努力的积极性，甚至使她丧失了生活的愿望。每一次她拿到成绩单，心情都不好。成绩上不去，给父母丢脸，她只想赶快离开这个让她痛苦的世界。

有一天，小洛在路上碰到好朋友。好朋友见她神情格外沮丧，多次询问缘故，才知道她因学习不好而感到伤心。

"唉！活着真的一点意思都没有，我学习不好，给父母丢脸，我很自卑，我怎么努力也取不了好成绩，我真不想活了……"小洛幽怨地叹息着。

朋友感到一种莫名的不安，于是问她："如果你真的选择自杀，我不拦你。不过，我有一个小小请求，请你答应我先等一个月再自杀。"

小洛感到很奇怪："为什么要等这么久……哦，我明白了——你这是'缓兵之计'，是想让我降下火气，等到心平气和时就会打消自杀的念头。可是，我确实已经过够了，你就不要再劝我了！"

"不，你说错了，我不是这个意思。这一个月时间不是留给你的，而是留给我的。我需要用一个月时间给你准备后事！既然你想死，就要为你的父母做些事情，因为是他们把你带到这个世界上的，我想，从现在开始，我就要四处打听帮你找买家了。"朋友很认真地说。

小洛更加疑惑了："买家？什么买家？"朋友说："一定有买家的。你的视力一向很好，可以把眼角膜移植给失明的人；你的皮肤十分细腻，可以卖给那些需要植皮的人；你的身体非常健康，内脏器官可以卖给那些需要它们的人。既然你一定要寻死，你身上的东西就不要浪费，这些都是父母给你的，但是现在对于你来说似乎没有什么用处了，你无法报答你的父母，那就把你的身体还给他们吧！你把你身上的这些东西卖给别人，就当是给父母造福吧，这样你也可以去得无牵无挂了。"

小洛对朋友的这番话闻所未闻，竟然呆住了。良久，她才恍然大悟，继而痛哭流涕："是啊！我有这么宝贵的身体，为什么不好好珍惜呢？我的身体是父母给的，我却要结束自己的生命，我真是不孝啊！谢谢你让我明白这一切。以后，我要努力学习，不管怎样，我都会好好地活着来回报父母！"

在如今这个社会中，我们在电视、报纸、网络上经常看到很多人轻生的新闻和故事，其中还不乏许多青少年朋友。这些轻生的人，要么因为遭受了失败的打击，要么有着惨痛的经历，要么因为感情、学业、压力而放弃了自己的生命。面对这种可悲的行为和举动，我们感到无限惋惜。

青少年时期往往是意志力薄弱的时候，我们常遇到困难而选择轻生，可我们应该知道，生不仅是为了自己，更是为了父母。所以当我们想轻生的时候，想想自己含辛茹苦的父母，就知道自己的想法有多么的愚蠢了。

为了父母我们也要好好地活下去。

张中行先生曾说："生是一种偶然，由父母至祖父母、高祖父母，有多少偶然凑在一起才能落到你头上成为人。上天既然偶然让你降生，那么你就要善待生，也就是要善待人。"有轻生念头的人也许会认为自己的死亡能换来真正的解脱。其实不然，一个轻生的人逃避了他所应尽的责任，虽然他从死亡中摆脱了痛苦的纠缠，然而他的死将更大的痛苦带给了他身边的亲人。**自己所谓的"解脱"，换来的只是父母止不住的眼泪。**

面对越来越多喊着"郁闷"的人，"生命可贵"这句话真的应该引起我们一番思考了。

在重庆的某所中学里，一个初二的女生因为和同班的同学吵嘴，结果被同学当着很多人的面扇了两个耳光。当晚，就寝熄灯后，这位女生便用小刀割脉结束了自己的生命。在她的"遗书"日记当中，这位女生说，自从挨了那两巴掌后，她觉得从此在同学们面前再也抬不起头了，活着太屈辱了，只好选择放弃生命。

就这样，这位才上初二的如花少女，就因为同学的两巴掌结束了自己的

孝道——古今百善孝居先

生命。她留下的是给父母的惨痛打击——她的母亲在得知这个消息后，心脏病突发，幸亏抢救及时，才挽回了生命；她的父亲，也因为这一噩耗，一夜之间白了头发。

这一幕悲剧的发生，其实真的可以避免。为什么两巴掌就能打掉一条生命？难道生命这么不值钱吗？难道生命可以这么草率地对待吗？古人韩信可以忍胯下之辱而活，难道这位女同学就不能忍两巴掌而活吗？她想的只是她自己的感受与小小的尊严，却没想到生她养她的父母，她的离去不仅结束了自己的生命，也结束了父母的希望。从这一点上讲，她是一个不孝的人。

生命一旦失去了，就再也回不来了；生命没有了，就再也看不到父母了。所以说活着是最好的，对于父母来讲也是最幸福的。

有位青年，厌倦了日复一日、平淡无奇的生活，感到生命尽是无聊和痛苦。为寻求刺激，青年参加了挑战极限的活动。主办者把他关在山洞里，无光无火亦无粮，每天只供应 5 千克的水，时间为 120 小时，整整 5 个昼夜。

第一天，青年还心怀好奇，颇觉刺激。

第二天，饥饿、孤独、恐惧一齐袭来，四周漆黑一片，听不到任何声响。于是他向往起平日里的无忧无虑来。他想起了乡下的老母亲千里迢迢风尘仆仆地赶来，只为送一坛韭菜花酱以及小孙子的一双虎头鞋。他想起了父亲在地里干活的情景，他想起了父母供自己上学、读书、娶妻而劳动的双手……

渐渐地，他后悔起平日里对生活的态度来：懒懒散散、敷衍了事、冷漠虚伪、无所作为。第三天，他饿得几乎挺不住了。可是一想到人世间的种种美好，便坚持了下来。

第四天、第五天，他仍然在饥饿、孤独、极大的恐惧中反思过去，向往未来。

他痛恨自己竟然忘记了母亲的生日；忘记了父亲还有胃病；忘记了父母那间小破屋子……他这才觉出生活原来是那么的美好。可是，连他自己也不知道，他能不能挺过最后一关。

就在他涕泪齐下、百感交集之时，洞门开了。阳光照射进来，白云就在眼前，淡淡的花香，悦耳的鸟鸣——他又迎来了一个美好的人间。

青年摇摇晃晃地走出山洞，脸上浮现出一丝难得的笑容。五天来，他一直用心在说一句话，那就是：活着，就是幸福。

是的，活着就是莫大的幸福，为了父母我们也要好好地活下去，其实我们根本没有资格谈论死亡，但凡一个孝顺的人都不会拿自己的生命来开玩笑。**父母在时，我们是他们梦想的延续；当他们百年之后，我们是他们生命的延续。**我们要积极地对待生命中的每一天，这样才不枉此生，不枉父母的养育之恩。

心灵悄悄话

中国历来倡导的都是子女对父母感恩，晚辈对长辈感恩——其间包括对生我养我的双亲，对"一日为师，终身为父"的师长，对长者及一切关爱过自己的人，这些都属孝道。数千年来，先辈们不仅留下许多弘扬孝道、感恩父母的经典言论，更塑造了一个又一个孝子的形象，成为后人学习的榜样。

孝道——古今百善孝居先

尽孝从记住父母的生日开始

《论语》中写道:"父母之年,不可不知也。一则以喜,一则以惧。"意思是说,父母的年龄不可不知道。**作为子女,一方面要为父母的长寿而高兴,另一方面也要为父母的衰老而伤心。**也就是说,我们一定要时时牢记为父母尽孝,父母老了,身体不好了,子女需要以实际行动来证明自己可以赡养父母。当我们熬夜写作业的时候,父母总是陪在身边;当我们为成绩而烦恼的时候,父母总在身边给予安慰;当我们长身体的时候,父母总给我们做丰盛的饭菜……在我们成长的过程中,父母给了我们太多、太多的爱,将来父母老了,我们自然应该像父母照顾我们一样照顾他们。

这是一个风和日丽的日子,树林中各种各样的鸟都从巢中飞了出来,愉快地在空中飞来飞去,它们美妙的歌声给寂静的树林带来了勃勃生机。

可是戴胜鸟和它的老伴已经飞不出窝巢了,岁月无情,它们的身体早已虚弱不堪,全身的羽毛已经变得干涩枯燥、暗淡无光,像老树上的枯枝般容易折断,双眼还生了病,看不见了。为了养儿育女,它们的精力已经快要耗尽了。

老戴胜鸟觉得自己的子女都已经长大能够独立生活,自己的职责已经尽到,可以无怨无悔地离开这个世界了。因此,夫妻俩商量,决定不再离开自己的家,安心地待在窝里,静静地等待那迟早都会降临的时刻。

但老戴胜鸟想错了,它们辛辛苦苦养育的孩子绝不会扔下它们不管。

这天早晨,它们的大儿子就带着一些好吃的东西,专程来看望它们。小戴胜鸟发现年迈的双亲身体不好,立即把这个消息告诉了其他兄弟姐妹们。戴胜鸟的儿女们很快都到齐了,它们聚集在双亲的旧巢前,其中一只说:"我们的生命是父母亲最伟大的馈赠,它们用爱的乳汁哺育我们。现在它们老了，病了，眼睛也看不见了，再没有能力养活自己。我们一定要帮它们治病，细心看护它们，这是我们做子女的神圣义务！"

这些话刚说完，年轻的戴胜鸟们立刻行动起来，有的飞去筑起温暖的新居，有的振翅飞去捕捉昆虫，有的飞到树林里去找治病的药……

新房子很快落成，孩子们小心翼翼地帮着父母搬了进去。为了让父母感到温暖，就用自己的翅膀盖住它们。孩子们还细心地给父母喂泉水喝，并用自己的尖嘴帮忙梳理老戴胜鸟蓬乱的绒毛和容易折断的翎毛。飞往森林的小戴胜鸟也回来了，它们找到了能治失明的草药。大家高兴极了，它们把有特效的草叶啄成草汁给老戴胜鸟擦。尽管药力很慢，需要耐心等待，它们却一刻也不让父母亲单独留在家里，总是轮流守候在父母身边。

快乐的一天终于到来，戴胜鸟和它的老伴睁开眼睛，向四周张望，认出了自己孩子的模样。孩子们都高兴极了，并准备了丰盛的食物，好好地庆祝一番。

知恩的子女们就这样用自己纯真的爱，治好了父母的病，帮助它们恢复了视觉和精力，以报答养育之恩。

俗话说，"**人非草木，孰能无情**"，年轻人平时对父母不够孝敬，总以为将来还有机会，然而岁月不等人，在读了这则寓言之后，希望他们能幡然悔悟，用珍惜来滋养干枯的心灵，善待恩重如山的父母。

父母亲年事已高，身弱体衰的时候，也许不知什么时候就会突然离去，撒手人寰，这是"父母之年，不可不知"的关键，故而孔子在"父母之年，不可不知"之后，紧接着说"一则以喜，一则以惧"。所以喜，是因为高兴父母享高寿；所以惧，是因为忧父母于世很可能已时日无多。

我们作为子女，要以尽孝者为榜样，要有尽孝的紧迫感，不可只想着让父母为自己一再付出，而应多想想父母在自己从小到大这一漫长过程的恩重如山，多想想"父母之年"所含的残酷意味，在"父母之年"多做反哺回报。

在父母的有生之年，我们一定要多孝顺父母，千万不要因为叛逆而顶撞他们、忽略他们。这样你错过的不仅是时间，更是父母慢慢变老的身体。

很多时候，父母所需要的是我们对他们的关爱，而我们往往忽略了这些。父母慢慢地变老，但是我们甚至不记得他们的生日，甚至不清楚他们的年龄。

2007年，西安一所高校做了一项调查，看有多少人知道自己父母的生日。结果，超过一半的大学生不记得父母的生日和年龄，也从来没有给父母过生日的经历。当遇到需要填父母的出生年月的表格的时候，他们总是拿出手机，给爸爸妈妈打电话询问。

李文是一位事业有成的投资经理，在他为工作埋头苦干一年之后，终于获得了半个月的休假。他早就计划好利用这个难得的机会到一个风景秀丽的观光胜地去随心所欲地畅游一番。临行前一天下班回家，他十分兴奋地整理行装，把大箱子放进轿车的车厢里，第二天早晨出发前，他打电话给母亲，告诉她去度假的主意。

母亲说："你会不会顺路经过我这里，我想看看你，和你聊聊天，我们很久没有团聚了。"他急忙向母亲解释："妈妈，我也很想去看你，可是我和朋友已经约好见面时间了，恐怕没有时间过去。"当他开车正要上高速公路时，忽然记起今天是母亲的生日。于是他绕回一段路，停在一个花店门口，打算订些鲜花，叫花店给母亲送去，他记得母亲喜欢鲜花。这时店里来了个愁容满面的小男孩，挑好一束康乃馨后，却发现所带的钱不够，少了十元钱。

李文问小男孩："这些花是做什么用的？"

小男孩说："送给我妈妈，今天是她的生日。"

李文听后，拿出钞票为小男孩凑足了买花的钱，小男孩很快乐地说："谢谢你，叔叔。我妈妈也会感谢你的。"

李文笑了笑："很愿意帮助你，其实，今天也是我母亲的生日。"

看着小男孩满心欢喜地抱着花束离开，李文若有所思。他选好一束玫瑰、一束康乃馨和一束黄菊花，付了钱，给花店老板写下母亲的地址，然后发动车子，继续上路。

车子开出一小段，转过一个小山坡时，他看见刚才遇到的那个小男孩跪在一个小墓碑前，把鲜花摆放在墓碑前面。小男孩也看见了他，挥手说："我妈妈很喜欢我送她的花。谢谢你，叔叔。"

李文看到这个场景，心有所动，立即将车开回花店，找到老板，问道："那几束花是不是已经送走了？"老板告诉他还没有。

"不必麻烦你了，"李文说，"我自己去送。"

孩子的孝心感动了李文，你是否也有所感触？**我们要孝敬父母，就从记住父母的生日开始吧，这并不是一件很难的事情。**可以和朋友约定相互提醒，或者在自己的记事本上记上，到父母生日的时候，给爸爸妈妈买点小礼物，或者做个菜；尽量提前安排好，陪父母过生日。

晚上的时候，小豆和爸爸妈妈一起看电视，电视上两个年轻的男女主持人和一群孩子正兴致勃勃地做游戏、聊天。主持人首先问孩子们："爸爸妈妈都知道你们的生日吗？"

孩子们异口同声地回答："知道！"

主持人接着问："爸爸妈妈给你们过生日吗？"孩子们还是异口同声地回答："过！"

主持人再问："你们过生日的时候，爸爸妈妈送什么礼物给你们？"

所有的孩子都神采飞扬地夸耀着爸爸妈妈给自己送的生日礼物。这时候，主持人又问孩子们："你们谁知道爸爸妈妈的生日？"这时候，刚才还喧闹不止的孩子们突然都默不作声了。

主持人向一个秀气的女生说："你知道你爸爸妈妈的生日吗？"女生红着脸，羞愧地摇了摇头。主持人接连问了几个孩子，他们都回答不上来。主持人接着问："爸爸妈妈过生日的时候你们给他们送什么礼物啊？"

大多数孩子仍旧保持沉默，只有少数孩子回答说曾给爸爸妈妈送过生日礼物。最后，主持人说："孩子们，你们想过没有？爸爸妈妈为什么能记住你们的生日，而你们却记不住爸爸妈妈的生日呢？爸爸妈妈为什么会给你们送生日礼物，而你们却不知道给他们送生日礼物？"孩子们都低下了头。

主持人接着说："那是因为你们还不知道关心别人，孩子们，你们说这样做对吗？"所有的孩子齐声回答说："不对！"

看完节目，小豆非常惭愧，因为他也不知道爸爸妈妈的生日，更不要说为他们庆祝了。于是，小豆转过身，对爸爸妈妈说："爸爸妈妈，从今天开始，我一定记住你们的生日。"爸爸妈妈听小豆这么一说，都欣慰地笑了。

孝道——古今百善孝居先

有人说,我们已经习惯父母为我们所做的一切:一顿顿可口的饭菜、一次次关爱的叮咛、生病时不舍昼夜地守护……我们把他们的付出视为理所当然,但我们是否可以换上一颗感恩的心呢?

从前,有一棵巨大的果树。一个小男孩每天都喜欢在树下玩耍。他爬树,吃果子,靠在树下睡觉……他爱树,树也爱和他玩。时间过得很快,小男孩长大了,他不愿意每天都来树下玩耍了。

一天,男孩来到树下,注视着树。"来和我玩吧。"树说。

"我不再是孩子了,这里已经不好玩了。"孩子回答道,"我想要玩具,我需要钱去买玩具。"

"对不起,我没有钱……但是,你可以把我的果子摘下来,拿去卖掉,这样你就有钱了。"

男孩很高兴,把所有的果子都摘下来,离开了。男孩摘了果子后,很久都没有回来。树很伤心。

一天,男孩回来了,树很激动。"来和我玩吧!"树说。

"我没时间玩,我得工作,养家糊口。我们需要一幢房子,你能给我一幢房子吗?"

"对不起,我没有房子,但是你可以砍下我的树枝,拿去盖你的房子。"男孩把所有的树枝都砍下来,高兴地离开了。

看到男孩那么高兴,树非常欣慰。但是,男孩从此很久都没回来,树又一次陷入了孤独、伤心之中。

一个炎热的夏日,男孩终于回来了,树很欣喜。"来和我玩吧!"树说。

"我不能和你玩。我现在过得不开心,我想去航海放松一下。你能给我一条船吗?"

"我没有船,但你可以用我的树干造船,你就能快乐地航行到遥远的地方了。"男孩把树干砍下来,做成了一条船。

他去航海了,又消失了很长时间。

最后,过了很多年,男孩终于回来了。

"对不起,孩子,我再也没有果子可以给你了……"树说。

"我已经没有牙咬果子了。"男孩回答道。

"我也没有树干让你爬了。"树说。

"我已经老得爬不动了。"男孩说。

"我真的不能再给你任何东西,除了我正在死去的树根。"树含着泪说。

"我现在累了,只想找个地方休息。"男孩回答道。

"太好了!老树根正是休息时最好的倚靠,来吧,来坐在我身边,休息一下吧!"

男孩坐下了,树很高兴,含着泪微笑着……

其实,这是每个人的故事,树就是我们的父母。当我们年幼的时候,我们愿意和爸爸、妈妈玩。**当我们长大成人,我们离开了父母,只有我们需要一些东西或者遇到麻烦时,才会回去。**然而,不论怎样,父母总是支持我们,竭力给我们每一样能让我们高兴的东西。

父母一生都在为我们默默地奉献,我们要想一想,其实无论在我们成长的时期,还是已经长大的年纪,都已经到回报父母的时候了。

心灵悄悄话

关爱父母,就应该从记住父母的生日开始。父母感觉到你是一个懂事的孩子,心里会感到欣慰。到时就给他们一个爱的惊喜吧!如果不知道父母的生日,从现在开始问清楚。在爸爸妈妈的生日,精心准备一份小礼物,表达对他们的关爱,让他们知道你的孝心。

孝道——古今百善孝居先

感恩父母从一件件小事做起

从小到大,我们的生活与学习都离不开父母。真正让我们寄托了这个世界、支撑这个世界的,使这一片土地有绿的希冀的,这样的光荣更多地属于那些平凡、正直、善良、坚忍不拔、任劳任怨的父母们。

第三十八届国际奥林匹克数学竞赛金牌得主安金鹏是天津人,他的家境非常贫困,但是他的母亲十分坚强,无私地为孩子奉献着一切。

安金鹏看在眼里,记在心里。在献给母亲的文章——《母亲啊,你是我最好的导师》中,安金鹏是这样写的:

……跛着脚的母亲在为我擀面,这面粉是母亲用五个鸡蛋和邻居换来的,她的脚是前天为了给我多筹点学费,推着一个平板车去卖蔬菜的路上扭伤的。

端着碗,我哭了。我撂下筷子跪到地上,久久地抚摸着母亲肿得比馒头还高的脚,眼泪一滴一滴地滚落在地上……

我家太穷了,家里欠的债一年比一年多。我的学费是妈妈找人借的,我总是把同学扔掉的铅笔头捡回来,把它用细线捆在一根小棍上接着用,或者用橡皮把写过字的练习本擦干净,再接着用……

我的母亲是用一种原始而悲壮的方式收割麦子。她没有足够的力气把麦子挑到场院脱粒,也无钱雇人使用脱粒机,她是熟一块割一块,然后用平板车拉回家,晚上再在我家院里铺上一块塑料布,然后用双手抓一大把麦秆在一块大石头上摔打脱粒……

三亩地的麦子,靠她一个人割打,她累得站不住了就跪着割,膝盖磨破出了血,连走路也是一颤一颤的呀……

她为了不让我饿肚子,每个月都要步行十多里地去批发20斤方便面渣给我送到学校。每个月底，妈妈总是扛着一个鼓鼓的面袋子，步行十里路到大沙河乡车站乘公共汽车来天津看我。而袋里除了方便面渣，还有妈妈从六里外的安平镇一家印刷厂要来的废纸——那是给我做演算用的草稿纸，还有一大瓶黄豆酱和咸芥菜丝，一把理发推子，天津理发最便宜也要5元钱，妈妈要我省下来多买几个馒头吃。

我是天津一中唯一在食堂连素菜也吃不起的学生，我只能顿顿两个馒头，回宿舍泡点方便面渣就着辣酱和咸菜吃下去；我也是唯一用不起草稿纸的学生，我只能用一面印字的废纸打草稿；我还是那儿唯一没用过肥皂的学生，洗衣服总是到食堂要点碱面将就。

可我从来没有自卑过，我总觉得我妈妈是一个向苦难、向厄运抗争的英雄，做她的儿子我无上光荣！……我要用我的整个生命感激一个人，那就是哺育我成长的母亲。她是一个普通的农妇，可她教给我的做人的道理激励我一生。

安金鹏的成功和母亲无私的爱是分不开的。这种爱成了安金鹏战胜困难，顽强拼搏的动力。其实天下的父母都是一样的，他们为养育子女长大成人、成才，不知道费了多少心血。**子女今天的成就中，也有父母的贡献。**

汉朝时有一个名叫韩伯俞的孝子，他侍奉母亲非常孝顺，对母亲说的话都是百依百顺，即使他的学问一天比一天好，他仍然将母亲说的话记在心里。

由于母亲对他的教导十分严格，小时候，只要韩伯俞不小心做错了事，母亲就会用手杖打他，虽然很痛，但韩伯俞总是忍受着，不敢有违抗的行为。有一次，他做错了事，母亲还像小时候一样打他的时候，他却大哭起来。

母亲觉得很奇怪，就问他说："以前打你的时候，你从来就没有哭过，今天为什么哭了呢？"韩伯俞哭着对母亲说："以前母亲打我的时候，我觉得很痛，知道您年轻有力气，身体还是很健壮的，可是今天母亲打我，我一点都不觉得疼，知道您年纪大了，力气越来越弱了，必定身体状况不如从前了，我觉得很难过，所以不由自主地就哭了出来。"

后来，这件事传扬出去，大家都说韩伯俞是一个很孝顺的孩子。

　　孝是一切道德和爱心的根源，是一种感恩，是一个人为人处世的根本，是做人的基本要求。青少年朋友们要多听父母的话，与他们和谐相处，父母之所以教导我们，是因为在他们的眼里，我们永远都是小孩子，生活经验比较少而且有些知识没有大人掌握得多，有时考虑问题不够周到，不顾后果；听从大人的教导可以避免危险、损失，少犯错误，多些进步。

　　在万般情感之中，有一种弥足珍贵，就是亲情。为人子女者，要珍视这份情，尽自己的孝道，回报亲人的爱。

　　清晨树叶上的露珠是那么的饱满晶莹，在阳光下格外美丽，那是因为经过了一夜的酝酿。这就如同我们，想要聪明茁壮地成长，一定离不开父母辛劳无私的付出。**为了回报父母的爱，我们应该多为爸爸妈妈做些事，从力所能及的小事做起，来表达我们的孝心。**

　　在家里，杨柯是个很懂事的孩子，爸爸妈妈非常疼爱他。为了让他生活得更好，满足他的生活和学习的需要，爸爸妈妈每天都努力工作，晚上下班回来还要拖着疲惫的身体干这干那，每天都忙到很晚才睡觉。

　　小杨柯看在眼里，疼在心里，所以他学习比以前更加勤奋、刻苦。一天晚上，杨柯早早地写完作业后，看见妈妈还在忙碌着，自己想帮忙，但不知道能做什么，就先上床睡觉了。

　　大约过了一个星期，这天杨柯写完作业就上床睡觉了。半夜，杨柯突然被一阵咳嗽声惊醒，他睁开眼睛起来一看，已经十二点多了，原来妈妈还没睡觉，她正在卫生间替自己洗衣服呢。

　　杨柯穿上外套来到妈妈身旁，对妈妈说："妈妈，你看，我都这么高了，我已经长大了，是个男子汉了，以后你就让我帮你干点活吧！我要帮助爸爸妈妈做更多的家务！"

　　杨柯的妈妈听了杨柯的话，眼睛顿时湿润了，她把杨柯紧紧地搂在怀里，泪水止不住地流了下来。

　　妈妈心疼地说："我的好儿子，你确实长大了，也懂事了，快！别冻着，赶快回去睡觉吧，妈妈一会儿就洗好了！"

　　从此以后，杨柯就成了妈妈的小帮手，他做事又快又好，还真帮妈妈做了不少家务活,得到了爸爸妈妈的肯定和夸奖。

杨柯也通过帮爸爸妈妈做家务,了解了很多生活常识,明白了很多以前不明白的事情,同时很好地锻炼了自己的自理能力……

做家务劳动既不会浪费你的时间,也不会影响你的生活;多做一些力所能及的事,在劳动实践中能增强我们的独立意识,树立自信心,促使我们的身心健康发展,更能帮助父母减轻一些负担。

现在的青少年,多数都是独生子女,父母宠爱还来不及,更何况让他们去做家务呢? 但是孩子从小就要有为父母做事的良好习惯,这样长大了才会孝顺父母,真正为父母排忧解难。

作为子女,父母给了我们太多的爱,有些爱是无以回报的,我们能做到的就是点点滴滴的回报,从小就要养成自己动手帮助父母的习惯,为父母做点事,他们感到无比温暖的同时,自己也会感到幸福。

六年级三班的班会课上,静悄悄的。

大家目不转睛地盯着幻灯片:

"我的小祖宗,赶快吃菜啦!"爸爸端着碗,追着满屋子跑的你。

"宝宝,把脚给妈妈。"妈妈先试了试水温,然后仔细地洗着你的脚。

"囡囡,今天的舞蹈课老师表扬你了吗?"为了陪你,寒风中妈妈已经在舞蹈中心的门口站了整整两个小时……

一行字幕显示出来:你是否记得你的小时候也曾有这样的情景?

画面继续:孩子长大了,但父母还是忙得团团转,不是洗衣做饭,就是四处奔波选学校、选兴趣班、选参考书,还有带孩子去公园、游乐场、风景旅游胜地……

紧接着,是一则广告,这则广告深深地吸引了大家的视线:

一位中年母亲忙完工作回到家里,还悉心照顾年迈的婆婆,给她打好热水烫脚。老人感动不已,怜惜地为她擦去脸上的汗水。一旁的小儿子见此情景,一声不响地到厨房打了半盆水,跟跄着端到妈妈跟前,用稚气的嗓音说道:"妈妈,洗脚……"

放映结束后,和蔼的王老师静静地看着同学们。

好一会儿,王老师才缓缓地说:"同学们,我们点点滴滴的成长都离不开爸爸妈妈,没有他们的辛勤付出,就没有我们的今天。但是,我们又为他们做过什么呢? 想想看,你又可以为他们做什么呢?"

"我不高兴的时候会向爸爸妈妈发脾气……"

"妈妈让我帮她洗菜的时候我在看电视,我不乐意……"

"我们吃水果和蛋糕的时候,可以把大的留给爸爸妈妈,小的留给自己……"

教室里讨论的声音越来越热烈,同学们纷纷说出了自己的想法,并决定要为爸爸妈妈做事。看着一张张激动的小脸,王老师欣慰地笑了。

我们每个人都可以为父母做点事情,哪怕是很小的事情,他们也会欣慰的。没事的时候,主动承担一定的家务劳动,并把这看作是自己分内的事,为爸爸妈妈分担一些忧愁,也是尽一片孝心。

正在中学苦读的同学们,我们现在的一切生活来源都是父母供给的,我们的一切学识都是老师教诲的,我们的一切成绩都有他人的关心和帮助,我们在坚持完成学业的同时,千万不要忘记行孝感恩。做一个有孝心、有良知的人,这是我们的责任,我们要**"懂孝道,知感恩"**。

母爱是伟大的、神圣的。在孩子的成长中,父母付出的心血是最多的,这样的恩情,我们要怎么回报呢?

这是一个感人的真实故事,可怜天下父母心,父母的伟大就在于他们对子女的无私奉献:

如果世界上有一个人能听到天空哭泣的声音,那个人一定是她。因为天知道她不会说出这个秘密。即使她开口,也发不出声音,她注定将终生沉默。她以为沉默是命运,却并不可怕。但是后来,她有了一个孩子。

孩子降临的那一刻,她生平第一次发出声音。孩子响亮的啼哭让她觉得声音与幸福必然有着关联,她的喉咙因为剧烈震动而发出声响,虽然那次发出的声音不动听,可她引以为豪。她是多么高兴孩子可以像一个正常人一样去生活、去爱,可以大笑,也可以大哭。

孩子渐渐会望着她笑,会伸出手让她抱。眼睛乌黑晶亮,嘴里咿咿呀呀,要求得不到满足时会大哭,她却只能抱着他不住地轻拍他的背,什么也做不了。她不能像普通的母亲一样带着温柔甜蜜的笑容去哄他"哦,哦,乖不哭",也不能为他唱一首动听的摇篮曲。

想到孩子将终日与一个不能说话的母亲在一起,她心如刀绞,仿佛行走在冰天雪地中,她用尽全身力气想要给孩子温暖,可孩子依然被冻得哇哇大哭。

这样长长久久的一生中,她将带给孩子什么呢?是否会因为语言的缺席,导致他的心灵永远沉默?

在她做出那个决定时,她觉得有一个小人正用尖锐的利器,一刀一刀在她心上划,痛得她伤心恸哭,可她别无选择。她已经决定把孩子送给住在她对面那对不能生育的夫妇,她看得出他们很喜欢她的孩子。当她把孩子递给那对夫妇,他们欢天喜地,唯有她成了世间最难过的人,成了一个不能照料亲生孩子生活的可怜母亲。

住在对门,几步之遥,还好,天天可以看得见。阳台上,花的枝叶肆无忌惮地蔓延,她透过花间空隙暗暗估量孩子的身高、体重。孩子每成长一步,她都会在她家向阳的那面墙上,画上一朵小花,后面写上"给我正咿呀学语的孩子";"给我正一步三晃的孩子";"给我正饭量见长的孩子";"给我不肯吃馒头的孩子"……后来,那面墙成了一面花墙。

孩子的每一步,对她来说都是惊心动魄的。有一次孩子发高烧,养父母在病房内守护,而她在病房外守护。那点点滴滴输入孩子血液的不再是几瓶药水,而是一个母亲的心。

医生的脚步从她面前经过,护士端着托盘从面前经过,她在外面站了36个小时,直到孩子康复被牵着手从她面前经过。

她又在那面墙上写下:"给我康复了的孩子。"

是的,以后她还会在一墙之外守护她心爱的孩子,还会不断地在那面向阳的墙上画上小花,慢慢写上"给我要上学的孩子";"给我声音变粗的孩子";"给我将要谈恋爱的孩子"……

唐朝的李商隐在《送母回乡》中写道:"母爱无所报,人生更何求。"意思就是:如果连母亲的养育之恩都无法报答,那么人生还有什么值得追求的东西呢？报答父母的恩情是人生最重要的事情。

从现在起，爱你的妈妈，爱你的爸爸，因为他们付出的远远大于你给的回报，不要再嫌母亲唠叨，因为她的衰老是你成长的前提。感恩父母，从这一刻开始。

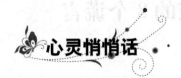

心灵悄悄话

父母对子女的爱浓烈无私，源自天性，而子女对父母的爱却是一个需要不断培养、不断锤炼的过程。这种爱显然又无比重要，因为它是一个人道德的基础，一个人连自己的父母都不爱，更不可能爱他人。其实对我们来说，孝敬父母，回报父母，不必做一番惊天动地的事情，我们只要从平时、从身边小事做起，从一点一滴做起，就完全可以尽到我们对父母的孝敬之心。

孝道榜样——一个母亲的8个谎言

儿时,小男孩家很穷,吃饭时,饭常常不够吃,母亲就把自己碗里的饭分给孩子吃。母亲说,孩子们,快吃吧,我不饿!

这是母亲撒的第一个谎。

男孩长身体的时候,勤劳的母亲常用周日休息时间去县郊农村河沟里捞些鱼来给孩子们补钙。鱼很好吃,鱼汤也很鲜。孩子们吃鱼的时候,母亲就在一旁啃鱼骨头,用舌头舔鱼骨头上的肉渍。男孩心疼,就把自己碗里的鱼夹到母亲碗里,请母亲吃鱼。母亲不吃,母亲又用筷子把鱼夹回男孩的碗里。母亲说,孩子,快吃吧,我不爱吃鱼!

这是母亲撒的第二个谎。

上初中了,为了交够男孩和哥姐的学费,当缝纫工的母亲就去居委会领些火柴盒拿回家来,晚上糊了赚点钱补贴家用。有个冬天,男孩半夜醒来,看到母亲还弓着身子在油灯下糊火柴盒。男孩说,妈,睡了吧,明早您还要上班呢。母亲笑笑,说,孩子,快睡吧,我不困!

这是母亲撒的第三个谎。

高考那年,母亲请了假天天站在考点门口为参加高考的男孩助阵。时逢盛夏,烈日当头,固执的母亲在烈日下一站就是几个小时。考试结束的铃声响了,母亲迎上去递过一杯用罐头瓶泡好的浓茶叮嘱孩子喝了,茶亦浓,情更浓。望着母亲干裂的嘴唇和满头的汗珠,男孩将手中的罐头瓶反递过去请母亲喝。母亲说,孩子,快喝吧,我不渴!

这是母亲撒的第四个谎。

父亲病逝之后,母亲又当爹又当娘,靠着自己在缝纫社里那点微薄的收入含辛茹苦地拉扯着几个孩子,供他们念书,日子过得苦不堪言。胡同路口电线杆下修表的李叔叔知道后,大事小事就找借口过来打个帮手,搬搬煤、挑挑水,送些钱粮来帮补男孩家。人非草木,孰能无情。左邻右舍对此看在眼里,记在心里,都劝母亲再嫁,何必苦了自己。然而母亲多年来却守身如玉,始终不嫁,别人再劝,母亲也断然不听,母亲说,我不爱!

这是母亲撒的第五个谎。

男孩和他的哥姐大学毕业参加工作后,下了岗的母亲就在附近农贸市场摆了个小摊维持生活。身在外地工作的孩子们知道后就常常寄钱回来补贴母亲,母亲坚决不要,并将钱退了回去。母亲说,我有钱!

这是母亲撒的第六个谎。

男孩留校任教两年后又考取了美国一所名牌大学的博士生,毕业后留在美国一家科研机构工作,待遇相当丰厚。条件好了,身在异国的男孩想把母亲接来享享清福,却被老人回绝了,母亲说,我不习惯!

这是母亲撒的第七个谎。

晚年,母亲患了重病,住进了医院,远在大西洋彼岸的男孩乘飞机赶回来时,术后的母亲已是奄奄一息了。母亲老了。望着被病魔折磨得死去活来的母亲,男孩悲痛欲绝,潸然泪下。母亲却说,孩子,别哭,我不疼。

这是母亲撒的最后一个谎。

心灵悄悄话

其实,在我们习以为常的生活中,真实的谎言往往可以把人们抛入痛苦的深渊,而有的时候,善意的谎言却能催生出这个世界上最美丽的花朵。

第四篇　孝道情浓

　　诗云："慈母手中线，游子身上衣。临行密密缝，意恐迟迟归。谁言寸草心，报得三春晖。"无论我们置身何处，父母时刻都在牵挂着我们。在万般情感之中，有一种弥足珍贵，就是亲情。为人子女者，要珍视这份情，尽自己的孝道，回报亲人的爱。

　　人人都有良知，孝也需要良知。而作为子女的良知，就是要懂得感恩父母，用自己的实际行动来实践"孝"这一品德，从而让自己的内心感到无愧。如果父母在世却无视他们，再正当的理由也难以让自己的内心安宁，良知就像住在我们心中的警钟，提醒我们时刻反思自己的行为。

十月怀胎娘遭难

今天,身为人子的我们都免不了会扮演这两种身份:即为人子女及做人父母。俗话说:"手抱孩儿想起娘。"常言道:"养儿方知父母恩。"哪一个孩子不是沐浴在父恩母爱的庇护下成长起来的呢?!

早在古老的《诗经》中就曾这样赞美过双亲:"父兮生我,母兮鞠我。拊我畜我,长我育我,顾我复我,出入腹我。欲报之德,昊天罔极!"意思是**父亲生了我,母亲哺育我,父母细心地照看我,慈爱地拥抱着我,时刻保护着我,辛劳地培养我。**

父母的恩德比天还大,我们一生一世也报答不完!

山东曲阜孔庙有一篇《劝孝良言》,把父母对儿女的爱描写得十分生动感人:

十月怀胎娘遭难,坐不稳来睡不安。

儿在娘腹未分娩,肚内疼痛实可怜。

一时临盆将儿产,娘命如到鬼门关。

儿落地时娘落胆,好似钢刀刺心肝。

把屎把尿勤洗换,脚不停来手不闲。

每夜五更难合眼,娘睡湿处儿睡干。

倘若疾病请医看,情愿替儿把病担。

三年哺乳苦受遍,又愁疾病痘麻关。

七岁八岁送学馆,教儿发愤读圣贤。

衣帽鞋袜父母办,冬穿棉衣夏穿单。

倘若逃学不发愤,先生打儿娘心酸。

十七八岁订亲眷,四处挑选结姻缘。

养儿养女一样看，女儿出嫁要妆奁。

为儿为女把账欠，力出尽来汗流干。

倘若出门娘挂念，梦魂都在儿身边。

千辛万苦都受遍，你看养儿难不难。

犹太俗语云："**最甜美的声音，从母亲及天堂那里听到。**"世上没有任何爱可以与母爱相比。她只是无私的给予，母亲可以想到孩子的一切，唯独忘了自己。

现在请回忆一下自己的生命历程，不妨先让时光倒流，回到襁褓中的时代。当母亲有呕吐反应的时候，我们已成为母亲生命中最珍贵的一部分。

母亲十月怀胎，战战兢兢地守护着胎儿。往往是热的不敢吃，冷的不敢碰，睡觉不敢翻身，走路小心翼翼。

母亲的肚子一天天大了起来，由乒乓球大小的胎儿，生长成铅球、足球那么大。母亲的体态浮肿，由于妊娠反应，有的母亲面容生出了很多斑点，一贯爱美的母亲无暇顾及这身体的变化，全心全意地关爱着小生命的成长，不敢有半点闪失。

有时候，病了也不敢吃药，生怕药物对孩子产生不良后果，直至临产前都是那样呵护备至。

怀孕6个月的熊丽与丈夫唐红刚等剧团成员在外演出。次日演出结束后，熊丽搭乘客车返家，途中中巴与一辆装载烧碱的货车相撞，满车烧碱倾洒进中巴。

熊丽脸部、胸部和背部、四肢严重烧伤，属深度烧伤，面积达40%，但她的双手却始终下意识地紧贴在隆起的腹部，保护肚子里的孩子。要想保住性命，必须用抗生素控制伤口感染。

然而，使用抗菌药物同时也意味着熊丽腹中的胎儿难保。熊丽的家属决定放弃孩子，然而熊丽却强烈要求"什么药也不用，一定要保住孩子！"医生用手术刀一点点地剥离熊丽身上那层腐肉，疼痛程度可想而知。熊丽却告诉主刀医生"不用麻醉药"。

孝道——古今百善孝居先

鲜血染红了床单，汗水代替了本应撕心裂肺的哭叫。她自愿接受无副作用却疼痛难忍的保守治疗。由于没有用药物控制，在等待新生命的过程中，熊丽大大小小的伤口一再溃烂、恶化，大腿上的创口竟已深达骨骼。

随着一声嘹亮的哭声，她顺利产下一名男婴。但熊丽脸部的创伤却因感染没能控制住，溃烂蔓延开了。

由于孩子出生后才开始用药，脸部留下了无法弥补的伤痕，也意味着她将失去美丽的容貌和重返舞台的机会。

怀孕6个月，突遭车祸全身大面积重度烧伤，熊丽为保腹中胎儿毅然拒绝药物治疗，强忍剧痛37天，终于换来新生命的第一声啼哭。**她虽然毁容了，却成为人们心目中最美丽的母亲。**

孩子上学时，不论刮风下雨，总能在学校门前见到父母的身影，他们透过校门栏杆朝里张望，焦急迫切的心情真实地写在脸上。尤其在孩子考试期间，父母一方面变着法给孩子加强营养，另一方面想方设法给孩子减轻精神压力：有的陪孩子散步，有的陪孩子玩耍，有的讲笑话给孩子听，诸如此类，不胜枚举。

甚而，当户外烈日炎炎之时，父母毅然等候在校门口，身体受苦、心里煎熬，真是可怜天下父母心啊！

可是又有谁来给父母减轻精神负担呢？我们做孩子的，是否能了解父母那份心呢？

有一位大姐，实在受不了了，就跑到庙里，孩子考多长时间，她就在佛前跪多长时间，不断地在那里为孩子祈福、磕头，有时还喃喃自语："佛祖在上，保佑我孩子考上大学，你让我做什么都行，我也像你一样终身吃素，请你答应我。"

她抬头看到弥勒佛对着她笑，就说："你笑了就算答应了。"又看到文殊菩萨，她又叩头祈祷："文殊菩萨慈悲，您的智慧最高，求您给孩子加持加持，让孩子榜上有名，我也向你学习，讲经说法，度化众生。"最后，她忽然又想到了至圣先师孔子，心里便说："孔老夫子，您的学问做得最好，我的孩子也是学文科的，正好跟您一样，求您帮帮忙，也让他中个状元，我会感激您一辈子的。"

古代人喜欢烧香拜佛以求平安，即使在现代社会，也有很多年轻人喜欢烧香拜佛，以求得神灵和佛祖的保佑，从而使自己的生活平安快乐、学业有成，但是很少有人想到常常向父母问好。其实，父母就是我们身边的活佛，如果我们在家里能够全心全意地孝敬父母，就相当于天天拜佛，也就相当于修身了。

心灵悄悄话

世上最惨痛的叫声，莫过于女人分娩时的呐喊。若是难产则会有生命危险，但母亲为了保全孩子，宁可牺牲自己的生命。所以古人将生产比喻为过鬼门关。当聆听到婴儿响亮的啼哭声，望着健康的宝宝，那几乎虚脱的母亲，脸上就会露出一丝欣慰的笑容，早已经忘记了刚才的痛苦，这是母爱力量的展示！

不可思议的母爱

父母心,海底针。父母为了孩子,什么苦也能吃,什么罪也可以受。母爱的力量之伟大,有时会让人不可思议。

记得在电视上曾看过一则报道,一个农村孩子考上了某名牌大学,妈妈为了给他筹集学费,四处向人借钱,并下跪了十多次。最后一次,向他的表叔借钱,表叔在当地也算个小老板。可当母亲提出借钱时,表叔却回答:"我手头没有现钱,都是人家给我打的欠条,你去跟别人借吧。"母亲又哀求道:"眼看孩子就要开学了,没有钱孩子就没法上学,求求你,行行好!"表叔说:"别求我,没有钱就是没有钱,你就是跪下,也没用。"这位母亲真的跪下了:"孩子他叔,抓起灰总比土热,毕竟我们沾亲带故,你就发发慈悲吧。我以后就是变卖家产也一定会还你的。"

表叔还是没有理睬,在旁边的孩子看不下去了,上去将母亲扶起来说:"妈,我们不求他,我宁愿不上这个学,也不能让您低三下四地求别人。"说着将录取通知书撕成了两半。母亲见状上去将通知书夺了过来,心痛地打了儿子两记耳光:"你这个没出息的东西,我辛辛苦苦地把你培养成人,全家都指望着你出人头地,没想到你这么不争气,妈就是卖血、卖肾也要供你把书念完。"

这是母亲第一次打他,他也从未见过母亲这样生气过,他意识到自己不理智的行为,深深刺伤了母亲的心。于是,他便哭着向母亲认错:"妈,您别生气了,都是儿子不孝,妈妈请原谅孩儿的无知吧! 我一定继续读下去。"说罢,母子便抱头痛哭。这时候,表叔的小女儿从屋里跑了出来,把一个存钱罐放在哥哥的手上:"这是我攒的压岁钱,你拿去吧!"

只要儿女有出息，父母就是做牛做马也心甘情愿。可以说，父母对我们是百依百顺，即使能力达不到，也会想尽办法来满足我们的心愿。**每当孩子遇到困难甚至是生命危险之时，第一个挺身而出的往往就是父母。**

曾经发生过有这样一个故事：

镇上有位丑娘，总是在垃圾堆里翻翻拣拣，她住在一间阴暗潮湿的简陋棚屋里。丑娘并不凶恶，可是模样却煞是骇人。脸上像蒙了一层人皮，却拉扯得不成样子，你甚至看不到这脸上有无鼻子和嘴唇、耳朵。黑黑的皮肤，怪异的模样，让你联想到《聊斋志异》里的女鬼。

年纪小的孩子猛地看见丑娘，总是吓得大哭，大人们更大声呵斥丑娘走远点。再大一点的孩子看见丑娘，就从地上捡起石子砸她，把她打跑。一次，一个男孩砸破了她的头。我的母亲说丑娘到卫生院来，是她给丑娘上的药，绷上绷带的。20多年过去了，我继承母业，医专毕业后成了一名镇卫生院的乡医，也渐渐淡忘了镇上的丑娘，她不过是镇上一道丑陋的风景。

一个冬天的深夜，下着小雪，山寨上的一户人家生孩子，请我出诊，接生安顿好后，已是凌晨。在回家的路上，突然一个黑影从身后猛地抱住了我，一只粗裂干硬的大手，像钳子捂住了我的口鼻。在我软绵绵倒下时，恍惚看见歹徒身后另一个矮瘦的黑影，抡起一个棍子似的东西朝歹徒头上劈去……

之后我迷迷糊糊地被黑衣人背起来，在她背上我感到很温暖、很安全。她踉跄着背我回到了家，到家门口时，借着路灯，我分明看见她蒙着黑纱的脸上闪烁着慈爱的光。

第二天，听说镇上派出所抓到一名男子，是通缉令上追查多年的强奸杀人犯，不知被什么人用铁棍打昏的。之后我再也不敢深夜独自出诊。医院又来了一名男医生，我们志同道合，不久便相爱了。在我们结婚的那一天，正在兴致勃勃之时，却来了一位面貌奇丑的老婆婆，活像万圣节戴着面具的女鬼。我有些不知所措，丈夫也面露不悦。孩子们反应快，纷纷用石子砸她，但她并无退意，并注视着我。

这时，我的母亲制止了孩子们的行为，并告诉了大家一个故事："24年前，山脚下住着一对年轻的夫妇，妻子快要分娩时，茅屋着火了，等人们扑灭

孝道——古今百善孝居先

了火，却发现丈夫死了，妻子被木方压住，蜷缩成一团，唯独腹部前的皮肤完好无损。毫无疑问，是这位母亲拼命保住了腹中的胎儿。等孩子出生后，因为大面积烧伤所以无法哺育，也无力抚养，更怕吓到孩子，所以只好将孩子送给了产科大夫，那个当年的大夫便是我。"母亲指着丑娘对我说："孩子，她就是你亲娘，一个可怜的女人，一个可敬的母亲。"

这竟然就是我的亲娘！我白发的丑娘！我愧悔交集，望着衣衫单薄的丑娘失声痛哭。丑娘颤巍巍地走来，从兜里掏出一个红绸子包的橡木盒子，说："孩子，这是我捡破烂多年攒下的钱，今天是你大喜的日子，我给你买了一份礼物。"说着，打开盒子是一个白金戒指，上面镶嵌着一把小小的雨伞，母亲就像这雨伞一样，时时守护着我啊！

忽然想起那个救我的黑衣人，是母亲，一定是母亲！我百感交集，跪在母亲面前说："娘，您的心比这白金更为珍贵，原谅女儿以前的不恭，从今天起，让女儿照顾您吧！"可是我娘的不幸还没有结束，常年孤苦伶仃，恶劣的居住条件，节衣缩食的生活，都损害了她的健康。她搬来与我同住时，我为她做了全身检查，发现是肝癌晚期，且扩散全身。我强忍着没有告诉她实情，精心照料着我的丑娘，我们幸福地生活了三个年头，丑娘在我生下女儿的第二年去世。

在临终前，她说："孩子，你很出色，我很欣慰。这么多年，你是我全部的寄托，没有你我撑不到今天。现在我要去陪你父亲了，我会告诉他，你生活得很幸福，他一定会很高兴的……"

也许我们是一个身体不健全的孩子，但母亲从没有放弃过我们：如果我们腿有问题，母亲就是我们的拐杖；如果我们眼睛有问题，母亲就是我们的眼睛；甚至我们只能终生躺在床上时，母亲也会像照顾一个永远长不大的孩子一样，任劳任怨绝不后悔。

这就是母爱，不可思议的母爱！

人人都有良知，良知让人知道什么是正确的，什么是错误的，什么是可耻的。孝也需要良知。良知虽然看起来可有可无，那些有良知的人看起来比麻木的人生活得更加辛苦，但他们的生活充满爱，内心安稳，这就是良知给他们最大的回报。而**作为子女的良知，就是要懂得感恩父母**，用自己的实际行动来实践"孝"这一品德,从而让自己的内心感到无愧。如果父母在世却无视他们,再正当的理由也难以让自己的内心安宁,良知就像住在我们心中的警钟,提醒我们时刻反思自己的行为。

我们生活中的幸福大都来自一颗善良的心,在现代社会,不妨在夜深人静的时候,静静地体会自己真正的内心,它会让你的行为变得明澈、清亮而无所愧畏。

心灵悄悄话

孝顺的心灵中,正是良知在闪烁和指引我们的行动。当我们在有意识地实践自己的孝心时,我们面对困难时的信心和支持的声音也会随之增加。不论我们过去做过怎样的事情,现在我们看到了自己心灵中美好而脆弱的良知,就可以大胆地表露自己的爱,让父母感受到我们的孝心。

孝道——古今百善孝居先

母爱给予我们二次生命

　　网络上有这样一则消息:河北的赵金艳被医院确诊为肾衰竭,等待肾源进行移植是她生存的唯一希望。随着时间一天天过去,死神一步步逼近,用以维持赵金艳生命的透析从每周一次缩短到每天一次。

　　"不能再等了,把我的肾给闺女!"从丰润老家赶来的老母亲刘桂荣此言一出,一家人全都呆住了。年近60岁的老母亲无暇顾及自己的安危,只想着能让女儿好好地活下去,哪怕用自己的生命做代价,也在所不惜。

　　后来,手术成功了,孩子看着憔悴不堪的母亲躺在病床上,她悲泣道:"妈生了我,已经给了我一次生命,现在妈又给了我第二次生命。我不知道如何才能报答您的恩情。"

　　山高海深可以测量,然而父母的爱无法测度,为了孩子受贫困、历艰险、忍屈辱,一步步踏入死亡连眉头也不皱一下。

　　一辆长途汽车突发火灾,母亲为了救怀中的婴儿被烧成焦炭;一对父子上山采药,途中遇到饥饿的老虎,父亲为了保护儿子,与饿虎顽强搏斗献出了生命;约翰一家在海拔4 000米的雪域高山迷了路,妻子不听丈夫的劝止,坚持要给怀中啼哭饥饿的孩子喂奶,因皮肤在如此恶劣的环境中外露,不幸冻僵,成为雪域高山上一个永久的冰雕……

　　在唐山大地震中,一对母子一同坠入废墟和黑暗中,万幸的是,母子都没有受伤,母亲把孩子紧紧抱在怀中,等待援救。一天过去了,孩子吃尽了母亲双乳里的最后两滴奶,哭声渐渐衰弱,再不获救,孩子将被渴死、饿死,先于母亲而去。绝望中的母亲两手乱扒,企图从钢筋水泥中获取食物。突然,她的手触到了织衣针,心中一阵狂喜:孩子有救了。一周之后,母子俩终于重见天日,孩子安然无恙,母亲却永远闭上了双眼,脸色苍白得很。人们惊奇地发现,母亲每个手指都扎了一个小孔,孩子正是靠吸吮母亲的鲜血才生存下来。

父母的养育之恩，令人终身难忘。**父母为孩子无私牺牲奉献，从不索取回报，只知耕耘不问收获，就像一支蜡烛，燃烧自己，照亮别人。**

《父母恩重难报经》中记载，释迦牟尼佛在给弟子讲述父恩母爱的伟大时说："我们左肩挑着父亲，右肩挑着母亲，绕着须弥山走啊走啊，走得皮开肉绽，走得血流成河，也报答不了父母的恩德啊！"

从咿呀学语到蹒跚走路，伴随在我们身边的人大多是我们的父母，他们是我们的启蒙老师，父母的恩情像山一样的高，像海一样的深，我们没有理由不去孝顺对我们恩重如山的双亲！

孝敬父母是中华民族自古以来的传统美德，而现今的文明社会里，新一代的青少年似乎把这些淡忘和忽视了。劳累一天的父母回到家，我们还对之衣来伸手，饭来张口，有一些同学甚至把父母当作仆人来使唤。**父母亲为了我们时刻操劳，他们曾是我们的启蒙老师；他们曾是我们的避风港；他们曾是为我们遮风蔽雨的翅膀。**他们对我们的教育、对我们的爱护又让我们用什么理由不去爱他们，不去尊重、孝敬、奉养他们？

心灵悄悄话

大爱无疆！父母为儿女可以牺牲生命，作为儿女的我们又为他们做了些什么呢？大孝尊亲，青少年朋友们，我们从出生到成年，一生受过父母太多的恩情与照顾，而我们对父母的回报与他们给予的爱相比实在是微不足道。更有一些不孝子嫌弃自己的父母，打骂父母，把他们送到养老院，这些不孝的行为令人发指。

感悟尽孝心语

百善孝为先，尽孝是每个人必须担当的人生义不容辞的责任和义务，是回报父母亲养育之恩的起码品德风范。

羊有跪乳之恩，鸦有反哺之义。但是，我们人类却很悲哀，有些人情感的投入，吝啬得令人心寒。尽孝是种境界，尽孝是种美德，尽孝是不能等待的，尽孝是天长日久的只争朝夕。人生不要留下"树欲静而风不止，子欲养而亲不待"的遗憾。

尽孝是在洗涤净化人的心灵，这个过程有种美感。

人到晚年容易孤独寂寞，儿女送去一声亲切的问候，就能带来老人一阵欢喜，经常带着孙男外女回家看看。女儿下厨烧两道老人可口的小菜，儿子多陪老父亲喝杯酒侃侃大山，女儿多陪老妈唠唠家常。当今社会的人们为了生活和工作，起早贪晚的参与竞争和创业，使对老人们的"朝仰暮敬"成为一种奢望。

其实，尽孝也很简单，有时尽孝并不需要投入太贵重的成本，只需要奉献出那份朴素无华的浓浓的人性的亲情。有些人不孝，说穿了就是缺少应有的人性。

尽孝更是种高雅的快乐，是世间最美的一种享受。不孝之子的灵魂是丑陋的，这种人身边通常没有真心朋友，因为养育他的父母亲都感动不了他，问世间有谁能交下他？ 不孝之人没有市场，万人唾弃他。

父母善待孩子是人性情感的本能，可悲的是子女孝敬老人却为何成为不了本能？

孝敬老人就要"劳而不怨，又敬不违"，孝顺，孝顺，顺者为孝，尽孝首先应包容和尊敬老人所有的生活习惯。两代人成长在不同的社会环境条件下，沉淀后也必然存在不同的思想和文化烙印。不能以你的观点去硬性改变老人的意愿,更不应该以你的观点,拒绝给老人在物质上的投入与精神上的安慰。

尽孝的本身是一个道德范畴,尽管也有物质的属性,但更重要的是思想感情上的表达与满足。古人云:"百善孝为先,论心不论迹。"尽孝,重在看心意,而不在于你奉送的物质多少。所以,尽孝与贫富没有必然关系,其实,奉养父母亲不论是一处豪宅,还是一间茅屋;不论是山珍海味,还是粗茶淡饭;不论是远隔千里迢迢的牵挂,还是近在咫尺的问候;不论是数以万计的金钱,还是端到手边的一杯清水……在老人的心目中,晚辈的尽孝心意都是等值的。

当今社会,千万富翁比比皆是,而他的老人们缺钱少药者也履见不鲜;贪官可以包多个"二奶"来金屋藏娇,可对自己的老人生活却很少嘘寒问暖;乡下父母亲可以含辛茹苦把子女送到城里把大学读完,娶了城里媳妇的儿子忘了爹娘的也很常见。

孝心也是生活中看似平常的点点心意汇聚而成的。而有的家庭在赡养老人时,大多只关注他们的吃穿,陪老人说话的时间很少,往往是东西送到就走人。更可怜的是有的住在一壁之隔一周也不探望一次父母亲,有的居住一个城区,一个月也不相往来一次,有的居住在一市区县内,甚至几年都不回去一次与家乡父母亲团聚。

尽孝是情感与艺术的综合体现。让我们更好地去多了解老人的心情和想法,保证让他们在有生之年生活衣食无忧,精神有依靠。

尽孝不分男女,因为父母亲养育儿女的投入成本和心血付出都是一样的。相对而言,尽孝事宜女性好于男性,难怪女儿被比喻为父母亲的贴心"小棉袄"。

尽孝是一种情操,尽孝是实实在在的物质和精神的无私投入,父母健在时应多给予他们笑声,百年之后少给予他们哭声。

尽孝不是作秀,尽孝是永远的百尺竿头,需要的是终身的更进一步。尽孝是默默无闻的耕耘,它不需要喝彩和掌声,尽孝没有最好,只有不懈的努力争取做得更好。

尽孝是什么? 其实,尽孝是人性良心的一种形式表现,是人性坦诚对恩情回报的过程一个诠释。尽孝是人生通往天堂的快乐驿站……

孝道——古今百善孝居先

"孝在于质实，不在于饰貌。"用心，就是真孝，不用华丽的词去形容，不用虚无的金钱去衡量。尽孝，是我们炎黄子孙义不容辞的责任。

世界上的万物从生到死都是一瞬间的事。自己的父母即使能够长寿，但也有终老的时候。有时甚至还没有来得及做任何准备，他们就要离去了，因此，尽孝是不能等待的。

因此，趁父母还健在，尚有躯体存活之际，让我们及时尽孝吧。千万不能借词推托，一旦父母百年，即使泼泪三升供灵前，号声动天，也于事无补，岂不悔之晚矣。

尽孝，切莫等待。

心灵悄悄话

一个不孝的人，即是一个没有人性情感的人。这种人，不配称为人。

《论语》中的孝道

《论语》内容广泛，记载了很多方面的言论，是了解中国文化绝对不可不读的作品。

一直以来，我都没有细心地品读过这本书，俗话说得好"半部《论语》治天下"，所以我也想进一步了解一下孔夫子的思想。

孔子重孝，"孝"是中华名族的传统美德，是为人之本。在中国的文化传统里，孝道也是非常重要的。

《论语》里多处讲孝道，"父母在，不远游"，"父在，观其志；父没，观其行；三年无改于父之道，可谓孝矣"，"父母之年不可不知也，一则以喜，一则以惧"，"今之孝者都是谓能养。至于犬马，皆能有养；不做，何以别乎"……

中国古语说"父慈子孝"，可《论语》中只看到关于"子孝"的讨论，并没有写父母的爱。其实，根本不需要提，因为哪一个父母不爱自己的儿女呢？

父母是那么的爱我们，关心我们，而我们又对父母有多少关心。就拿自己来说，小时候，不懂事的时候，父母为我处处操心，对我的关心真是无处不在，而我却觉得自己受到了干涉，父母的唠叨声让我很厌烦，甚至对父母的爱有一种反感，现在想起来，自己真是"该当何罪"啊！

《论语》里说，孝是仁之本，而孝首先是要了解，关心自己的父母。我想我做到了，我懂事了，我知道父母的爱了，我会真心去对待这些爱。

其实我真的觉得自己挺不应该的，经常跟父母顶嘴、吵架，可我却不知道父母骂我是另一种表达爱的方式。

也许在生活中的一件很小事就能让父母感觉到自己对他们的爱，比如：做一件家务事，替妈妈分担；过新年说上几句祝福语；吃饭的时候像父母照顾我们一样为他们择一点菜……

其实，天下的父母是最能理解和体谅孩子的。无论你是多大的官，还是世间潦倒人，无论你是百万富翁，还是穷困贫子，在父母的心里，你都是父母的骨肉心血，你富了父母也不想贪，你贫穷爹娘也不嫌弃。唯一的一点就是孩子有孝心即是最大的安慰也。你有钱就多给，这也是应该的，天经地义的；钱少少给，父母也不会责怪，也不会有怨言。没钱哪怕买个小礼品、哪怕是爹娘爱吃的一块饼、一条鱼甚至一颗糖，也是孝敬之心，父母也是高兴的，我想天下的父母都是如此宽仁也。再退一步，你实在没钱也没关系，因为孝敬父母，并不完全在于钱物礼品，方式方法有多种多样，关键在于你的孝道是否真心、是否诚心。

"百善孝为先"，"夫孝，德之本也"。孝道文化是中国传统文化的基本文化，"民用和睦，上下无怨"，又是和谐文化，中国特色文化。作为中国特色社会主义社会理应继承这份道德遗产，发展这份优良传统，丰富中国特色社会主义的伦理精神与道德规范。

心灵悄悄话

《论语》是一部先圣的经典，带给后人的启迪和价值说不尽，而且越是随着社会的发展越能体现出来。对于《论语》，正如编者所说的：它是一切炎黄子孙不可少的人生教科书。

第五篇　孝道为德

"教"字从孝从文，对普通百姓的教化，就是孝文化。

今天社会上的几个大的问题，从根本上说，与一个人在诚实、慎独、宽容、自制等方面的修养是直接相关的，而要培养这些美德，首先应该做到的就是孝顺。

爱是最美丽的语言，有人用歌声表达爱，有人用文章表达爱，无论怎样表达，都要记得回报父母的爱。

诚孝是萦绕于心，挥之不去的，对于父母的照顾和奉养是每时每刻的真情流露，是终其一生解不开的情结。

孝顺是忠诚的标尺

忠，忠于国家，要勇于为国家的发展做出贡献；孝，孝顺父母，古人云"身体发肤，受之父母"，父母给予了我们一切，回报父母是理所当然的。

当一个人将对父母的孝顺之情同时给予国家、君主时，孝便是忠；而当一个人为百姓祈福，为苍生立命，为万世开太平时，他便最大限度地做到了忠。当天下太平，百姓安居乐业，难道其父母还要受穷苦不成？故这最大限度的忠便又是孝。

但也有人说："自古忠孝不能两全。"因为效忠国家，往往就要远离父母，不能照顾他们的日常生活，不能很好地尽孝。

北魏末年，北方几个少数民族日渐强大，经常派兵侵扰中原。为加强对边境的驻防，国家不断征兵，木兰就出生在那个时代。

有一天，衙门送来征兵通知，要木兰的父亲也去当兵。可是父亲已经上了年纪，怎么办呢？上没哥哥，下边弟弟还小，木兰不忍心让父亲受苦，就决定女扮男装，代父从军。

木兰随队伍来到边境，凭着一身好武艺，每次都冲锋陷阵，屡建奇功，连同伴们都对她敬佩有加，称她是个勇敢的好男儿。就这样，战争打了12年，才结束。后来，皇帝召见有功的将士论功行赏，木兰却只要了一匹快马，赶回家中看望亲人。

回家后，木兰脱下战袍，换上女装，梳好头发，摇身变成一个漂亮的女子。她出来向同伴们道谢，同伴们看到昔日勇猛的战友原来是个端庄的女子，不禁感到万分惊奇。

木兰的故事很快就传开了，后来人们将它编成歌谣，汇成一部长篇叙事诗《木兰辞》，广为传诵，流传至今。

孝、忠就是保护自己的大家与小家。古人讲忠孝，为人臣子要忠，为人子者要孝，花木兰就为忠孝两全者，诸葛亮的《出师表》和李密的《陈情表》恰恰体现了一忠一孝。

后人常说："读诸葛亮的《出师表》和李密的《陈情表》不流泪者，其人必不忠不孝！"由此可以看出古人的忠孝观。

有人曾经问孔子为什么不从政，孔子回答说孝敬父母，友爱兄弟，用这种风气去影响当政者，也算是从政，并非一定要做官。

在中国古代，忠与孝是统一的，而且统治者及思想家也很强调和提倡二者的一致。

忠孝所以统一，是因为二者是相通的。在中国古代社会，"**君与父无异，家与国无分**"，君主即是全国的大家长，故亦"君父"。君臣关系则被视为父子关系，"臣之与君，犹子之于父"。在这种社会结构中，父权与君权相互依存，彼此间有着密不可分的内在联系。

此外，忠孝两种道德的基本要求都是敬顺，这也是相通的。所以中国人一再强调"忠孝一体"。《礼记》说："忠臣以事其君，孝子以事其亲，其本一也。"后来，又有"忠孝一道"说。

早在两千多年以前，孔子便为我们勾勒出一个"大同"的社会。然而这个"大同"的社会如何才能实现呢？就需要人们具有忠孝的思想观，即**爱自己的父母，更爱全天下的父母；爱小家，更爱国家这个大家。**所以孝变成了一种责任，唯有这样，社会才能进步，这也是忠于国家的表现。

大同：出自《礼记·礼运》，孙中山所写的"天下为公"，也是出自同一篇文章。"**大道之行也，天下为公，选贤与能，讲信修睦，故人不独亲其亲，不独子其子，使老有所终，壮有所用，幼有所长，鳏寡孤独废疾者皆有所养；男有分，女有归，货恶其弃于地也不必藏于己，力恶其不出于身也不必为己，是故谋闭而不兴，盗窃乱贼而不作，故外户而不闭，是谓大同。**""大同"代表着人们对未来社会的美好憧憬：人人友爱互助，家家安居乐业，没有差异，亦没有战争。

毫无疑问，爱的确是这个世界上最美丽的语言，而爱的精髓在于一个"诚"字。**无论父母怎么对我们，我们都要怀着一颗敬爱的心去孝顺他们，温**

孝道——古今百善孝居先

暖他们。这种"诚意"往往能换回一家人的和睦和长久的幸福。

舜小的时候，他的母亲就死了，父亲又娶了后妻，生了个弟弟叫象。舜是个好孩子，勤劳诚恳，孝敬父母。可是继母心地狭窄，弟弟也很自私自利。

象和母亲商量想害死舜。他们叫舜去修井，想趁他下井后谋害他。舜下井后，在井壁上挖了一个洞，这个洞紧挨着邻居家另一口井的通道。舜刚挖好，象就把舜原本所在的井填满了，舜于是躲进刚挖好的洞里。

舜死里逃生后，只身来到历山脚下，开荒种地过日子。有一年，发生了自然灾害。舜的父母因遭灾，生活困难。父亲十分想念儿子舜，常一人到那口被填满的井边哭泣，慢慢地眼睛哭瞎了。继母也变得反应迟钝，象则成了哑巴。

有一天，舜的继母挑了一担柴到集市上换米，正巧舜去卖米，他认出了继母。舜把米给她，故意没有收钱，一连几天都是这样。

继母告诉了舜的父亲。于是他们来到集市，站在舜的身边。父亲听了一会儿，对舜说："听你的声音像是我的儿子。"舜回答说："我就是舜啊！"他上前抱住父亲哭了，父亲也放声大哭起来。后来，舜把父母和兄弟都接回了家。传说，尧帝听了这件事，非常赞赏舜的品德，于是把自己的两个女儿嫁给了舜，还将帝位禅让给他。

舜对父亲孝顺，对继母与弟弟的过错选择原谅，他的真诚与宽容让父母欣慰，让世人赞扬。

孝并不仅仅是读孝的文章或孝的故事，更在于行动中的真诚。

在我们成长过程中，父母给了我们最多的爱，我们也应回报他们最诚挚的爱。爱在一些平凡的小事中散发光芒，它体现在一个"诚"字上才显得越发珍贵。

刚吃过晚饭，母亲正在厨房里忙着。女儿不时推开哥哥的房门进进出出，样子还挺神秘。不一会儿，儿子就显得有些不耐烦了。

"你今天真讨厌，我还要做功课呢，难道你不知道自己去问妈妈吗？"

女儿有些低声下气地央求哥哥："不行啊，这件事情绝对不可以让妈妈知道。"

过了没多久,女儿两手背在身后,笑眯眯地来到母亲的面前说:"妈妈,明天是您的生日,我做了一个算命袋送给您。它很灵的,可以预测您以后的命运哦!"

接着,女儿递给母亲一个厚纸板做成的袋子。袋子上有三个用红色彩笔写成的字——算命袋,字的旁边还画了几朵小花。在袋子里放着五张折叠得严严实实的纸签。

"妈妈您抽抽看嘛,试一试运气好不好。"女儿有些迫不及待地对母亲说。

母亲看着女儿认真的表情,不忍拒绝,便抽了一张,拆开来一看:"你以后会有一个非常体贴你的丈夫。"

"哇!"母亲故作惊喜地叫了起来,"这可是我一生中最期待的事情,没想到真的变成了现实。果然十分灵!"女儿听了母亲的话,满脸兴奋,她拉着妈妈的手又说:"妈妈加油哦,说不定还有更好的运气在后面等着您呢。"

于是,母亲亲手一张一张地打开了女儿算命袋里的纸签:

"你将来会有一幢漂亮的房子。"

"你会年轻美丽,并且永远永远永远都不会变老。"

"你会活到一百岁。"

当母亲拆开最后一张纸签时,她的眼睛湿润了:"你的女儿一定非常非常孝顺你。等你很老很老的时候,牙齿全部掉光了,她会用小火慢慢地熬稀zhōu给你吃。"

这时,女儿的脸更红了,头低得看不见:"我不会写那个粥字,哥哥也不告诉我,所以只好用拼音代替了。"

小女孩给了母亲最好的孝顺,那就是希望母亲未来幸福快乐,并许诺母亲"自己一定会是一个孝顺的女儿,将来会好好地奉养她",这种爱是发自内心的,是忠于内心的最真诚的情感。

爱是最美丽的语言,有人用歌声表达爱,有人用文章表达爱,无论怎样表达,都要记得回报父母的爱。

老人们为子女含辛茹苦一辈子,即使子女们长大成人,也丝毫不减他们

孝道——古今百善孝居先

对子女的爱，我们也应回报父母那颗真诚的心，这样才不辜负父母对我们的恩情。

诚孝是萦绕于心，挥之不去的，对于父母的照顾和奉养是每时每刻的真情流露，是终其一生解不开的情结。

心灵悄悄话

父母给予了我们一切，回报父母是理所当然的。当一个人将对父母的孝顺之情同时给予国家、君主时，孝便是忠；而当一个人为百姓祈福，为苍生立命，为万世开太平时，他便最大限度地做到了忠。当天下太平，百姓安居乐业，难道其父母还要受穷苦不成？故这最大限度的忠便又是孝。

孝道是传承的标尺

立身行道，扬名于后世，以显父母，孝之终也。——孔子

无论是儒家、佛家还是道家，都对孝持肯定的态度，从社会的安定、个人的成长和人的本性来说，孝是每个人从出生就开始面对的一个问题。三家的共识也可以看作我们整个中华文化的共识，亦可以说中华民族是一个讲孝道的民族。

"教"字从孝从文，对普通百姓的教化，就是孝文化。今天社会上的几个大的问题，从根本上说，与一个人在诚实、慎独、宽容、自制等方面的修养是直接相关的，而要培养这些美德，首先应该做到的就是孝顺。

我们知道，传统的中国人在成长过程中，蒙学是必学科目，青少年在学会诗词之前，先要念《论语》《三字经》这些基本的读本。而这些读本中，最主要的思想就是孝与仁。

但是到了近代，由于战争、贸易、竞争等环境的影响，中国人几乎彻底地抛弃了过去的生活方式，私塾完全被现代化的学校所取代，而教授传统文化的老师被训练有素的教师取代，孩子们所学的知识既有语言方面也有科学方面，独独缺少了传统的道德方面的教育，再加上现代父母接受了西方自由、民主的教育方法，不再要求孩子像过去那样对父母长辈毕恭毕敬，有的家庭甚至鼓励孩子直呼长辈的名字，觉得那样更加亲切平等，这些对于传统的孝文化可以说是一种颠覆。

本来，吸纳新的文化，学习别人的优点可以帮助我们进步，但是在自我定位原本就模糊不清的基础上学习别人的文化，或者将之不假思索地拿来就用，其实未必适合我们成长的生活与文化环境。

当整个社会都面临文化缺失、精神缺失的时候，具有坚定的信仰或者为人的准则是一件幸福的事情。现如今多元化的社会环境允许每个人按照自

孝道——古今百善孝居先

已期望的方向发展，要求人们回到像过去对帝王的崇拜时期那种对上位者"不敢稍有违背"的状态已经不可能，唯有孝道适合今天的社会，适合不同追求的人，适合不同的成长环境。**如果我们想要恢复真正的文化繁荣，想要成为"文化大国"，就先要认识自己，定位自己。**

著名的国学大师钱穆说，近代的国人"对清朝政权之不满意，而影响到对全部历史传统文化不满意"，这已成事实。传统文化受到彻底的质疑，若全部传统文化被推翻，人们对民族传统的共尊共信之心也没有了。

传统文化能够赢得民众共同的尊敬和信仰，这是一个民族凝聚力的根源。所谓团结，就是众人齐心协力之意。"齐心"即思想统一，"协力"即行动一致，而"齐心"正是"协力"的基础。凝聚力即指"齐心"的力量，其本质就是思想意识的趋同性，或者说是精神追求。唯有整个民族有共同认可、共同尊奉的精神追求，才能够从一盘散沙变成一堵坚固的长城。

从中国的第一本史书《尚书》出现至今，中国历史没有缺少过记载，更没有出现断代。虽然江山不断更换君主，但他们都遵照前代的传统，继续修史为政。从井田制到一条鞭法，任何制度的改革都是在前一朝的基础上进行调整和完善。**可以说中国是世界上将传统保存得最好的一个国家，而孝道就是传统之一。**

我们现在缺少的，是对传统的认可和信任。譬如我们讲考试制度，这当然是我们中国历史上一个传统极悠久的制度，而且此制度之背后有其最大的一种精神在支撑。清代以后，考试制度在中国人精神上的共尊共信的信念也早已打破了。我们今天要重建考试制度，已经不是单讲制度的问题，而还得要从心理上先从头建设起。换言之，要施行此制度，即先要对此制度有信心。即如在清代两百几十年，哪一天乡试，哪一天会试，从来没有变更过一天。这就因全国人对此制度有一个共尊共信心，所以几百年来连一天的日期也都不摇动。这不是制度本身的力量，也不是政治上其他力量所压迫，而是社会上有一种共尊共信的心理力量在支持。当知一切政治、一切制度都如此。

我们并不是没有传统，但是如今，传统等待着从故纸堆中走向普通人的生活。孝道文化，也需要重新被拿出来学习和研究，走进我们的家庭生活中，重新成为我们真正身体力行的一项文化，成为我们整个社会环境的大气候。

古人不但强调要赡养父母的身体,还强调要"养志",并认为这是最高的孝道。汉朝桓宽说:"**最好的孝道,是养志,顺从父母意志,让父母心里愉快;次一等的孝道,是养色,让父母总有笑容;最次的孝道是养体,只是让父母吃好喝好而已。**"

《论语》中有言:"父在,观其志;父没,观其行;三年无改于父之道,可谓孝矣。"一个人将父亲的遗愿继承和实现,被认为是真正的孝子。

司马迁是西汉的史学家,他的父亲司马谈是一个管理朝廷书籍的官员,一直希望可以整理一部史书,"成一家之言"。司马迁也跟随父亲在朝廷做官,却因为一次替人打抱不平而被打入大牢,处以腐刑。司马迁受刑之后想要轻生,但想到父亲的遗愿,便忍辱苟活,最终写出中国历史上第一部纪传体通史——《史记》。

太史公司马迁之所以在遭受宫刑之后忍辱求生,就是因为他想要实现父亲秉笔直书历史的愿望。

历史上有名的学问家父子有很多,例如刘向、刘歆父子,琅琊颜氏一门,清代王念孙、王引之父子等,他们不仅成为文化史上的风景,更装点了父子同心向学的传统家庭意境画,让人想到诗意、典雅的文化世家的景象。

很多人觉得,把父母的追求当成自己的追求,就等于承认自己只是父母生活的附庸,放弃了自己人生的选择权。而且有一些父母过于渴望孩子走上自己的人生道路,采用强制的方式来给孩子安排人生,也引发了孩子的反感情绪。

但子承父业,其实是有一定道理的。人生苦短,我们的视听所及都有限,而在一个有积累的父亲的影响下长大的孩子,他在无形之中就比别人多一份沉淀,比起那些毫无积累的人来说,更加容易做出一番成就来。**这种文化上的继承,即是对自己生责任的承担。**

孝道最高的层次是孝志。继承父母光明的志向,孝天下所有父母,不独亲其亲,不独子其子。我们青少年要孝养父母之志,父母对我们都有志向,哪个父母不希望儿女能出人头地?哪个父母不望子成龙、望女成凤?通常父母的志向，从我们自己的名字可以看出来，譬如说有人叫"忠国""栋梁"等，这就表示父母希望子女成为祖国、成为世界的栋梁之材。

《中庸》上写道："夫孝者，善继人之志，善述人之事者也。"儿女果能如此，才算尽了大孝。曾国藩是有名的孝子，他相信，一个有孝心的人不仅是有志向的人，而且还能传承父母的志向。

按常人理解，孝就是感恩与尊敬。父母生我们、养我们，我们才能在这个世界上存在并成长。如此天大恩情，**我们应时时铭记，言谈举止中自然而然地对父母有爱有敬，父母所需所想，我们恨不得在父母还没想到时就提前想到并料理好。**然孝的真意并不能仅限于使父母衣食无忧，心情愉悦，更为重要的即是"善继人之志，善述人之事"。

青少年朋友们，我们要知道一个真正的孝子，不仅是顺从父母、让父母快乐，还要继承父母的志向，替父母完成他们的愿望。

心灵悄悄话

最幸福的人生是找到最能实现自己价值的路，并不断走下去。这条路虽然神圣却可能荆棘满布，每一个未失人性之高尚人士都会去寻找并尽其一生地走好这条路。然而身为人子，最大的孝莫过于继承先祖之志，成就其事业，完成其使命。

孝道是责任的标尺

"士不可以不弘毅","天下兴亡,匹夫有责","穷则独善其身,达则兼济天下",这些千古名言,其核心词汇就是"承担"和"责任"。一个人在天地之间,不仅要负担起培养自己的责任,也要负担起天下兴亡的责任。勇于承担,对儒家而言,就是强调个人对他人和社会的责任,每个人都担起弘扬社会正气的责任,人人对自己负责,又怎么会有个人良知与社会风气的堕落呢?

孝,可以理解为人子之责任的一种担当。负担起父母晚年的生活,既要养其身,更要养其志。这种承担意味着我们必须拿出耐心和诚意面对与父母相处时日常生活中琐碎的事,面对现实生活中各种经济压力和物质要求,有时候也要牺牲自己的想法。这种承担在别人的口中会变成荣誉和美德,于自己便是要一点一滴完成的责任。

孝,是一种责任。父母养育子女,为子女的成长付出了大量的心血和劳动,做子女的理应孝敬父母,回报他们的养育之恩。这不仅是子女的道德义务,也是子女应尽的法律责任。

一个幸福美满的家庭是爱与责任的完美融合。只有爱的家庭是不稳定、不牢固的,只有责任的家庭是不完满、不快乐的,只有同时拥有了爱与责任,家庭才会永远和睦。

有人说过:"孝顺很像一个大行囊,有了它,走遍天下方便舒适,尽管有时它的体积和重量会让你感觉很累,但你既然选择了旅行就必须背着它,这就是你要从行囊中获得最大限度的满足而应尽的义务,想要获得的满足越多,所需背负的体积和重量就越大。在生命的旅途中,有着必须背负的责任——诚实信任、平等互爱、理解包容、善待父母,缺一不可!"

儿女是父母身上掉下来的肉。从十月怀胎到忍痛分娩,从蹒跚学步到成家立业，父母付出的心血不言而喻。**作为儿女，不管贫穷富贵，赡养父母都是天经地义、不容推卸的责任。**

孝道与责任心紧密相连，责任心与道德一脉相承。没有责任心，何谈对国家尽忠之心？没有责任心，何谈对长辈尽孝之心？没有责任心，何谈对他人帮扶之心？

人可以没有伟大的成就，但不可以没有责任心！拥有责任心，才能赢得尊重。然而令人遗憾的是，责任心缺失的人不计其数，唯我独尊者有之，不孝敬老人者有之，无怜悯之心者亦有之。

青少年是祖国未来的栋梁，是国家的希望，为了理想的社会秩序，为了人人安享社会太平，为了千万个家庭的幸福安康，我们应充分理解孝顺的含义，做一个忠顺且有责任的人，做一个对国家、对社会、对工作、对家庭、对父母、对兄弟亲人尽职尽责的人。

孔子认为，如果把孝悌之道发扬到极致，就可以通达神明，光照天下，在任何地方都可以感应相同。也就是说，孝顺的人不但可以与父母心意相通，还可以与天地呼应，从而使天地垂怜，使之如愿。

"悌"专指兄弟之间的感情，也是孝的一种延伸。身在大家庭之中，不仅要敬爱父母，也要与自己的兄弟相亲相爱，"孔融让梨"就是一个很好的例子。

孔融是我国东汉时期著名的文学家。他小时候聪明好学，才思敏捷，巧言妙答，大家都夸他是奇童。四岁时，他已能背诵许多诗赋，并且很懂事，父母非常喜欢他。孔融还有五个哥哥，一个弟弟，兄弟七人相处得十分融洽。

一次，孔融的母亲买来许多梨，父亲就让孔融和最小的弟弟先拿。

孔融看了看盘子中的梨，发现梨子有大有小，于是他拿了一个最小的梨子，津津有味地吃了起来。父亲看到孔融的行为，心里很高兴，便问孔融："盘子里这么多梨，又让你先拿，你为什么不拿大的，反而拿一个最小的呢？"

孔融回答说："我年纪小，应该拿个最小的，大的留给哥哥吃。"

父亲接着问道："你弟弟不是比你还小吗？照你这么说，他应该拿最小的一个才对呀！"

孔融说："我比弟弟大，我是哥哥，我应该把大的留给弟弟吃。"

父亲听他这么说，哈哈大笑道："好孩子，你真是一个好孩子，以后一定会很有出息的。"

从此，孔融让梨的故事便被人们传为美谈。

孔融年龄虽小，却是最懂兄弟情的人。让梨只是小事，但其中彰显着孝悌的情感。小小的年纪，大大的美德，这种道德相信大人都很难做到，所以孔融让梨的典故被后世传诵。这是很值得我们青少年学习的。

在我国历史上，情谊深厚的弟兄代表莫过于一门三苏中的苏轼和苏辙。他们的诗句常在我们青少年读本中出现，但他们之间的感情不仅为我们留下了感人的诗词，更为我们展示了兄弟之间不仅有血浓于水的亲情，也有高山流水遇知音的友情。

苏辙说苏轼："抚我则兄，诲我则师。"苏轼说苏辙："岂独为吾弟，要是贤友生。"

晚唐五代及之后一段时期的词描写男女柔情的不计其数，而对于兄弟亲情却绝少涉及。**苏轼的一些关于兄弟亲情的词比之当时笼罩文坛的艳科词，不管在思想上还是艺术上，都给人以清新的感觉。**《满江红·怀子由作》便是这类词中比较著名的一篇。

清颍东流，愁目断、孤帆明灭。
宦游处、青山白浪，万重千叠。
孤负当年林下意，对床夜雨听萧瑟。
恨此生、长向别离中，添华发。
一尊酒，黄河侧。
无限事，从头说。
相看恍如昨，许多年月。
衣上旧痕余苦泪，眉间喜气添黄色。
便与君、池上觅残春，花如雪。

这首词是苏轼在颍州任知府时作的，词的上片即景生情，抒发了"恨此生、长向别离中"的深深感慨。下片追忆从前多次的相会与离别，希望能有

孝道——古今百善孝居先

机会与弟弟再见一面，词的语言苍劲浑厚，寄寓深远，感情全自胸臆自然流出，读来颇为动人。

苏东坡最为有名的作品之一《水调歌头·明月几时有》，就是在中秋节怀念弟弟苏辙而作。"丙辰中秋，欢饮达旦，大醉，作此篇，兼怀子由。""但愿人长久，千里共婵娟"这一句寄托了哥哥对弟弟的思念和对天下离别人美好的祝愿，成为千古传诵的名句。

自从踏上官宦仕途，苏氏兄弟二人就是聚少离多，但兄弟之情反而愈加浓厚。苏轼有时做事冲动，相比而言苏辙则性情沉静。他常常提醒哥哥不要过于犀利，以免招来祸患。但是当哥哥陷入危险境地，也就是苏轼经历乌台诗案的时候，苏辙主动站出来向皇帝请求贬官以代哥哥受过，保全他的性命。

苏轼被贬海南儋州，苏辙也因为哥哥而受牵连被贬雷州。两人一南一北隔海相望。

苏轼生活出现困难的时候，苏辙总是第一个帮助哥哥；苏轼在外漂泊的时侯，也总是将家人托付给弟弟代为照顾。是什么维持着兄弟之间如此美好的感情？当然一方面是哥哥苏东坡的才华，另一方面也是弟弟对"悌"之道的诚心践行。当然，这其中也有父母教育的功劳。

今天的兄弟反目之事时有耳闻，为兄长的应该多一分气度，对兄弟多一点忍让和照顾，而做弟弟的更加应该对兄长尊敬，正所谓"长兄如父"。

从孝到悌，看似是一步小小的跨越，其实是泛孝的开始。从孝悌推而广之，忠诚、诚信、正直、清廉等美德也会从这个源头生发开去。

心灵悄悄话

青少年是祖国未来的栋梁，是国家的希望，为了理想的社会秩序，为了人人安享社会太平，为了千万个家庭的幸福安康，我们应充分理解孝顺的含义，做一个忠顺且有责任的人，做一个对国家、对社会、对工作、对家庭、对父母、对兄弟亲人尽职尽责的人。

孝道榜样——父爱如山

罗阳接到村长打来的电话以后,连忙往车站赶。

村长说父亲病了。如果不是很严重,父亲是不会让别人打电话叫罗阳回家的。

上大学三年以来,罗阳这是第二次学期中途回家,第一次是母亲去世。父亲总是要他一心学习,家里的事别管,天塌下来一切有他顶着。

近来左眼皮一直跳个不停。昨晚在咖啡厅还不小心摔碎了杯子,尽管老板娘没说什么,罗阳还是让她在这个月的工资里扣钱。自己做错的事就要承担责任,父亲从小是这样教罗阳的。

父亲是一个地地道道的农民,一生没离开过那穷山沟,所见过的最大的城市也就是县城了。

在罗阳爷爷死的两个月后,父亲呱呱坠地,奶奶总算是给老罗家续上了一脉香火。奶奶是最后一代裹足的妇女,那三寸大的"金莲"让孤儿寡母吃过不少的苦头,也挨过常人没挨过的饿。父亲 10 岁就开始随大人一起下田地做农活,12 岁那年,奶奶踮着"三寸金莲",战战兢兢地去山上拾柴火,结果摔断了脊椎,落得个半身不遂。父亲除了每天出工,还得找时间回家照料老娘,半年后,奶奶受不了病痛的折磨,也不忍心拖累儿子,一把剪刀结束了自己的生命。等到父亲发现的时候,奶奶身上的血早已流干了。12 岁的父亲在村里人的帮助下,砍回几棵松树,为母亲做了一副棺材,葬在了他未曾谋面的父亲旁边。

因为家里穷,父亲到 22 岁才得一大婶给说媒,娶了外村一个常年卧床不起的孤女子为妻,那就是罗阳的亲娘。罗阳懂事了,就知道母亲自做姑娘时就患有严重的风湿病,大多数时间都躺在床上。有了小罗阳以后,父亲肩上的担子更重了,既当爹又当妈的,忙完了外头的活,回家还要伺候妻儿。可是父亲从来没有抱怨过。儿子一天天长高,母亲的病更严重了,多处关节已严重变形,身子越来越佝偻,下床的时候更少了。罗阳在父亲的教导下,很小就会做饭、洗衣等家务事。

最让父亲开心的是罗阳书念得一直很好,小学5年里,年年被评优秀学生、三好学生。小学毕业,又考上了县重点中学。父亲一直节俭地过着日子,一分一分地积攒着罗阳的学费。每逢假期,罗阳也会去15里地外的小镇上帮人打短工挣点学费。

6年的中学生活很快过去了,罗阳考上了大学。接到录取通知书后的罗阳,两天都没敢告诉父亲。他知道家里的底细,这么些年来,全靠父亲一人支撑着这个家。罗阳要上学,母亲还要治病,这个家里唯一值钱的东西就是那台14寸的黑白电视机。那还是父亲怕母亲一人躺在床上闷,花50元钱从别人手上买下来的。如今那几千元的学费对于他来说不亚于一个天文数字。谁知那天父亲做工回来后,乐得合不拢嘴:"阳儿,我今天在镇上遇见你班主任了,他说你被大学录取了。怎么,前天你去学校没拿到通知书吗?"

"爹,我们家……"罗阳支支吾吾地。

父亲过来拍拍儿子的肩膀:"好儿子,是怕家里没钱供你上大学是吧?不管怎么说,父亲就是砸锅卖铁、讨饭,也要让你去上大学的。"

这以后的一个多星期里,父亲天天早早地就起床了。嘱咐罗阳在家照顾母亲,自己扛着扁担、拿着柴刀上山去了。父亲砍回一担又一担的野竹子,那种野竹子在山上、田地埂上到处都有。以前砍的人多,现在年轻人都外出打工挣钱了,家里剩下的大多是老人和孩子,这野竹子也就越长越茂盛,到处一丛一丛的。不几天的工夫,父亲就砍回一大堆,他白天在外砍,晚上回家后就将竹子削净枝叶,扎成一捆一捆的。

有一天来了一辆拖拉机,把竹子全拉走了,父亲得了800元钱,乐不可支。第二天,罗阳也要求随父亲上山去砍竹子。那天午后,天空突然下起了大雨,罗阳正好送竹子回了家,可是父亲还在山上,那么大的雨,又雷电交加。罗阳不放心地戴着斗笠循原路寻上山去,只见父亲的衣服挂在树枝上,早已被雨淋湿透了,四处没有父亲的身影,雨下得越发大了。罗阳连忙返回村子,喊来村长和左邻右舍,大家在一处山的垮崖下找到了父亲。父亲的腿摔断了,趴在一棵大树脚下,人已昏迷过去。

罗阳和村长一起迅速把父亲送去了医院,经检查,父亲不只是摔伤了腿,脾脏也破裂了,需立即输血并手术治疗。罗阳交上了父亲卖竹子所得的800元钱。余下的1 500元是村长帮着垫付的。

术后3天,父亲就坚决要求出院。回到家里后,从不流泪的父亲放声大哭。罗阳抚着父亲的背:"爹,你别难过,我们再想办法。"

"阳儿,是爹对不起你。如今不但没有了学费,我们还落下了那么多的债。"父亲泪流满面,床那头的母亲也泪流满面。

罗阳完全放弃了上大学的念头了,他随一建筑队做小工,一天可得15元钱。

一天早上,家里来了个不速之客。是村长陪着一起来的,同行的还有一个戴眼镜的年轻人,背着相机。在村长的介绍下,一家人才知道,来者是镇上的镇长和县报社的记者。原来村长把他们一家的情况反映给了镇长。镇长说:"再穷不能穷教育,再苦不能苦孩子,如果罗阳不能上大学,我这父母官当得有愧。"

罗阳的事很快随报纸、电视传遍了整个县。不几天,镇长亲自陪书记送来了3 000元的助学金。县民政局在镇民政干事的陪同下送来了2 000元的救济金。罗阳母校送来了全校师生的2 000多元的捐款。村长送来了全村父老乡亲凑的2 000多元的捐款……

罗阳终于要上大学了,临行那天,父亲强撑着瘦弱的身子,把儿子送到了村口。"阳儿,放心地去吧,家里有我,你就别担心。好好地学习,记着那么多帮助过你的好人。"罗阳沉重地点头,挥泪告别家乡和送行的村长、父老乡亲们。

罗阳下了长途车,翻过一座山,又越过两道岗,小山村已遥遥在望。3年的大学生活,已让这个当初从这里走出去的山娃子多了许多的书生气。白净的肤色,瘦削的面庞,还有那透着文化气息的眼镜。凭着自己的努力,罗阳成了众多学子中出色的一位,他的成绩在系里一直名列前茅。学习之余,别人都在花前月下,酿造一个个美丽而又浪漫的爱情故事,可是罗阳没有那么多的时间去浪漫、去多情,他的身影总在校园里匆匆又匆匆。罗阳靠当家教和打钟点工挣的钱来供自己继续上大学。除了那一次无奈地接受资助以外,罗阳和父亲再也不要别人的捐赠了,他们只想凭自己的努力来完成罗阳的学业。

春节回家,罗阳发现母亲走后,父亲比以前衰老了许多,身子也明显地消瘦下去,可是父亲否认自己有不舒服的感觉。罗阳也只好默默地关心着,近两年,他一直不让父亲给他生活费,每次回家,他都会攒够下学期的费用给父亲看,这样父亲才会真正地放下心来。

3年的大学生活,罗阳过着一种凤凰涅槃般的日子。可是他感觉很开心、很充实。其实生活中如果少了许多的拼搏,他会感觉索然无味的。

才进村口,村长就得到明眼人的通报迎了出来:"罗阳,回来了啊!"

"是的,村长,我爹怎么了?"罗阳摘下眼镜抹了一把额上的汗水。

"回家喝口水再说吧,看你累的。"村长慈爱的眼光让罗阳心里暖烘烘的。这是一个好人,日后有机会一定要报答他。

村子里的人随着罗阳往那三间瓦房聚集。还没进门,罗阳就呆了,院里醒目的几筐白山灰让他的心一下子吊上了半空。山里长大的孩子都知道,这种灰是用来和死者一起装棺的。他三两步跨进家门,堂屋里一张竹床上躺着他的父亲,一动不动地躺在那里。一如当年的母亲,消瘦的脸上透着青光,这哪是往日见着儿子喜笑颜开的父亲啊。罗阳的眼前一黑,被村长和旁人扶住了。

好一会儿,罗阳扑到父亲身上,"爹啊,你怎么了? 怎么回事啊,我的爹?"罗阳哭得天昏地暗,旁人没有一个不流泪的。父亲冰冷而又僵硬的身躯在罗阳的怀抱中摇晃。原本闭得紧紧的双眼竟睁开了很大的缝。几位老人和村长拉开了罗阳,"阳儿,你不能再哭了,看把你爹的眼睛都哭开了,孩子。"

山上村里的风俗是,如果死者不闭眼的话,就不能投胎转世,这是人们最忌讳的。一个老爹递过一炷香:"孩子,给你爹上炷香吧,让他闭上眼,安心地走好。"

罗阳就着供桌上的菜油灯点燃了香,烟雾在他的眼前飘散开。罗阳向父亲重重地磕了三个头,把香插在香灰筒里。又按老人们的指点跪在父亲身边,伸手去抚父亲的双眼。罗阳抬起手,轻轻的,像怕惊醒了熟睡的父亲一般,温热的手心抚过父亲那冰凉、毫无表情的面庞。父亲的眼睛居然紧紧地闭上了,旁边的人都吁了口气。

罗阳几次问及父亲的死因,大家都避而不谈。直到父亲入土为安以后,那天晚上,村长在昏黄的灯光下告诉了罗阳一切。

那是一个月前,全国上下都搞献爱心献血的活动,当时村子里分了 5 个名额。村长回村后召开群众大会,动员大家义务献血,谁知道人们都不理解这种行为。大会都开过 3 天了,也不见有人自愿报名。正在村长一筹莫展之际,父亲主动找上门来报了名,并游说村子里另几位身强力壮的村民。那天抽血化验的时候,也是父亲第一个捋起衣袖。这几年,他一直念念不忘大家对自己家的帮助,一心想为人们做点什么。谁知道他的血最后检验不合格,他还沮丧地直叹息。

可是,7 天后,县防疫站的人找到了父亲,并把他带走了。父亲回来后,村民发现他变得不言不语了。大家都议论纷纷,村长于是找他谈心,他也闭口不言。谁知 3 天后,父亲竟主动找到了村长,告诉他:那次检查,自己被怀疑得了艾滋病,这是一种不治之症。村长劝他别太着急,慢慢想办法。第二天,村长就出山去了防疫站,他不相信这个结果,但是工作人员告诉他,这是真的,因为父亲 3 年前输了不洁的血,所以被感染了,但是他目前只是感染期,并没有发病。

村长回家后又一再给父亲做思想工作,还说现在的医疗技术高,一定会有办法治疗的,谁知道没过去几天,父亲就自寻了短见。父亲不会写字,只在前一天晚上找上村长,说了一通这种病会给儿子带来影响之类的话,村长以为他是心里太紧张,又想儿子的原因,谁知道第二天,发现他已喝农药自尽了。

罗阳一直沉默着,默默地流着泪听完了村长的叙述后,没有多说什么,但是他明白父亲的良苦用心。父亲在自尽前一定经历过太多沉痛的思索。他是为了儿子才这样做的,他不想儿子因为有一个艾滋病的父亲从此在人前抬不起头来;他也知道在这个社会上,唾沫是可以淹死人的;他还知道这种病是没法治的,起码现在还没有办法治疗。于是为了罗阳,他选择了死亡这条不归路。

按当地的风俗,罗阳在父亲的"头七"请来了道士,为父亲做了一场法事,全村的老人都来帮忙。第二天,罗阳一早再一次来到父母的坟墓前。面前那一堆黄土下,躺着他至亲的父母亲。想起村长转述的父亲的话:"村长,

孝道——古今百善孝居先

我儿罗阳不只是我们家的骄傲，也是我们这个村子的骄傲，我不能毁了他啊！"

罗阳的泪不停地滴在面前的黄土上，黄土湿润了一大片。"父母亲，你们在天有灵的话，一定要常伴儿子左右。母亲，天堂里一定没病痛的缠绕。父亲，天堂里一定没有艾滋病的困扰。"

罗阳不停地磕头，一直不停地磕头……

心灵悄悄话

比起母爱，父爱更加深沉含蓄，甚至不易察觉，但它渗入生活的点点滴滴，也往往会因此而显得更加有力。父爱与母爱一样，都是伟大而深厚的，这种爱可以渗入我们的内心，让我们永远不敢忘记、不能忘记，这种爱会陪伴我们一生，让我们无论什么时候想起都会在心头泛起片片涟漪。但有时候我们也会感到遗憾，遗憾我们将对父母的爱深藏在心底而没有表达出来，没有让父母感到我们的感激之情。如果我们能冲破心中的那层阻隔，将自己的爱大声地说出来，父母一定会高兴的。

第六篇　孝道衰败

时至当今,人伦荒废,孝道不能大行于天下,乃至酿成严重的社会问题,因此我们不得不面对这个残酷的现实。

那么问题究竟出在哪里了呢?

周弘曾说:"任何成功都无法弥补教育孩子的失败!教育孩子的失败是天下父母心头永远的痛!"

所以,该到认祖归宗的时候了!

我们今天重新提倡孝道,重振纲常伦理,唤醒世人之本性,使家庭幸福、社会安宁、国家和谐乃至世界大同,有着极其重要而又深远的意义。

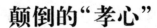

颠倒的"孝心"

孔子闲居在家，曾子在旁陪坐着。

孔子说："先代圣王尧、舜、禹、汤、文、武等，他们有至高无上的德行，极其重要的道理，可以用来指导天下人民，全国因此和睦相处，上上下下都不怨天尤人，你知道这种至德要道是什么吗？"

曾子听到孔子的教诲，立刻恭恭敬敬地站起来，走到孔子的面前说："老师，我实在不太聪敏，怎么才能知道这种至德要道呢？还是请老师教导我吧！"

孔子说："孝道，是道德的根本，一切的教化都是从孝产生出来的。你坐下来吧，现在让我来告诉你。

身体发肤是父母所生的，我们应当要谨慎地爱护它，丝毫也不敢损伤它，这是孝顺父母的头一桩事。然后，立身行道，有所建树，遵守仁德做事，止于至善，使名声能显扬于后世，来荣显父母，这是孝道最高尚圆满的境界。"

所以孝道这件事，起初在幼年时代如果能够孝顺父母，和兄弟和睦相处，到了中年时代，就能移孝作忠，奉事君长，为国尽忠，到了老年时代，顶天立地，扬名于后世，道成天上，名留人间，这才是完成了最终圆满的孝道。

谁知时至当今，人伦荒废，孝道不能大行于天下，乃至酿成严重的社会问题，因此我们不得不面对这个残酷的现实。那么问题究竟出在哪里了呢？

孝道沦丧的三个原因：

第一，在于近百年来，中国传统文化发生断层，我们从小就缺乏圣贤教诲，不明孝道真谛，所以无法对下一代进行教化。

我们总以为不缺父母吃穿就是尽孝了，其实这是远远不够的。

子夏是孔子文学方面的继承人,所以孔子希望他日后能大力弘扬孝道。但他为人又谨小慎微,十分严谨,不苟言笑,表情严肃。所以在与双亲相处过程中,态度难免有些呆板生硬,缺乏温和,让别人看了觉得有点生分。故当他问孝道的时候,孔子借机对他说:"色难。有事弟子服其劳,有酒食,先生馔。曾是以为孝乎?"子女侍奉父母,最难的是天天都能和颜悦色。如果有事,有年轻子弟为长辈效劳,如有珍品佳肴时,先供父兄饮用,难道这样就算是尽孝吗?

即便如此,我们不妨扪心自问,就是这样再简单不过的孝敬我们又做到了多少呢?父母口渴时,你给他们毕恭毕敬地端过茶吗?父母疲乏时,你给他们诚心诚意地洗过脚吗?父母饥饿时,你给他们及时丰盈地做过饭吗?诸如此类,实在太多了……

那什么才是真正的尽孝呢?衡量一个孝子的重要条件就是"诚于中,形于外"。意思就是,孝敬父母,关键之处在于内心诚敬,只有这样,才能由内而外地自然表现出对父母的孝敬。

所以,孝道是有境界的:**小孝养生,中孝怡心,大孝承志,大大孝立德。**

第二,我们不能身体力行,有孝心没孝行,有理论没实践,所以我们讲得再好,也不能使孩子信服。

有一个公益广告的情景让人记忆犹新:当忙碌一天的你,不忘端着一盆热水,给妈妈洗脚,孩子正在你的身后默默地注视着,转了身,用稚嫩的小手端来满盆的水,轻声对你说:"妈妈洗脚!"

因此,父母是孩子最好的老师,"**身教更胜于言教**",父母也是人生第一个老师,当孩子没学会说话、走路的时候,父母的言行、家庭的氛围便在孩子心灵中,潜移默化地起着作用,后天品格的基础正在这个时候奠定。尤其幼童时期,孩子还听不懂普通的道理,他更重视的是事实与直接感受。所以以身示道胜过千言万语。

过去有一个不孝子,当他的父亲年老体衰时,他觉得父亲成了负担。于是他用担子挑着父亲上山,准备把父亲丢下,正当他要返回的时候,跟在身

孝道——古今百善孝居先

边的孩子突然问道:"爹爹,为什么不带爷爷回家?"

父亲说:"爷爷老了,不中用了,我们走吧。"

孩子说:"那好,不过您要将这担子带回去。"

父亲不解,问道:"你要它做什么?"

孩子说:"等您老了,还得用它来担您呢!"

父亲听后惊呆了,也许单纯天真的孩子以为人老了,都得用担子挑出家门,并无任何恶意。但是,这位父亲却听出了弦外之音:"善有善报,恶有恶报,不是不报,时辰未到。"

于是,他马上又用担子将父亲挑回了家,从此再也不敢不孝顺父亲。

这种不敢不孝,虽非发自内心,但对维护孝道起了一定的作用。起码老人不会流落街头,受冻饿之苦。故当天良丧失时,教化将起着巨大的作用。**教育的核心就是因果,从古至今没有一个虐待老人的人,会生出孝子而善终。**

第三,"孝道颠倒",我们成了孝顺孩子的"孝子",这是人类最大的悲哀,对社会危害极大。

我们拿树来做比喻,我们浇水只滋润枝叶而不润其根,其树必死。父母就像是大树的根,枝干就是儿女,叶子以及果实就是我们的子孙,树根为果实无偿输送养分。那我们有没有润根,来孝顺我们的父母呢?还是一味地润枝,做一个孝顺孩子的老"孝子"呢?

英国有一句谚语:"父母之爱为诸德之基。"说明人生德行的基础,大部分来自于父母之爱。

多昂贵的玩具,只要孩子开口,父母就会买给他;多高档的服装,只要孩子喜欢,父母也都会满足。那么,我们是否给自己的父母买过一件名牌服装?孩子的生日我们知道,父母的生日我们知道吗?孩子的好恶,我们清楚;父母的喜好,我们也明白吗?孩子是皇帝,我们是奴隶,这样溺爱下去,不仅害了孩子,也给自己种下了苦果。

有的孩子自私自利,有好吃的不给父母吃;有的孩子从不帮父母干活,衣来伸手,饭来张口;有的孩子就不听父母劝告,一上网吧便不回家;有的顶撞父母,对长辈不恭不敬;还有的叛逆,专与父母作对;更有甚者,还威胁父母,甚至暴力对待。

这不都是"孝道颠倒"所造成的恶果吗?

2006 年 1 月 1 日某媒体以《为骗百万保险,纵火烧死生母》为题,报道了一起"全国罕见的杀母骗保案"。

初某,为实现一夜暴富的梦想,经过长达半年的精心策划,一日深夜制造家中意外失火的假象,将亲生母亲活活烧死。之后他向两家保险公司索要巨额的保险赔偿。天网恢恢,疏而不漏。经过警察缜密侦查,终于使其如实交代了令人发指的犯罪动机和经过,最终他受到了法律的审判。

初某的这种恶行,还被国内媒体评为"中国五大不孝"之第二人。

无独有偶,有一个孩子,从小娇生惯养,父母把他从周一到周日要穿的衣服都安排得井井有条。他的父母按照自己的想法,给他设计好了人生轨道。

可能你会问,这样难道不好吗? 我想让人管还没人管我呢? **告诉你,这样溺爱的结果便是:孩子的天性与创造力被扼杀,甚至导致心态扭曲。**

当这个娇生惯养的孩子与一个女同学相处时,遭到父母极力反对。这直接引发了他对父母的仇恨,趁父母熟睡的时候,他残忍地用斧子将父母砍死。

俗话说:"冰冻三尺,非一日之寒。"事后记者采访发现,这个娇生惯养的孩子心态早已扭曲——在他家阁楼里,发现许多死麻雀,每只麻雀的头,都被他用钉子死死地钉在木板上,并且所有麻雀都是紧闭双眼、大张着嘴,这些麻雀临死之际,凄惨的神情惊人地一致! 想想大自然中千姿百态的麻雀,它们灵动的身影常令我们心动不已,两相对比,我们情何以堪? 你能想象这幅场景竟是出自一个孩子之手吗?

这一幕幕触目惊心、丧心病狂的杀父害母的案件,不正说明了孝道颠倒所带来的严重恶果吗? 难道这些还不足以引起世人的警醒与深思吗?

第四,在家庭教育、学校教育、社会环境中都"重视技能培养",而"忽略了品格培养和人格完整",使得孝道的风气没有蔚然成风。

孝道——古今百善孝居先

周弘被誉为"赏识老爸",周弘创立的赏识教育被称为"中国家庭教育第一品牌"。周弘曾说:**"任何成功都无法弥补教育孩子的失败！教育孩子的失败是天下父母心头永远的痛！"**

谁都晓得先做人后做事的道理,但是一些父母至今尚未觉悟,一门心思地让孩子考大学,找好工作,升官发财,追逐名利;学校只注重技能培养和升学率,很少给孩子灌输做人的道理;而当你走上工作岗位后,老板更不可能跟你讲做人之道了。

心灵悄悄话

普天之下几乎没有不爱孩子的父母,爱是一种具有极大能量的行为。如果你在一味地爱孩子的同时,忽略了爱自己的父母,那么你的孩子长大成人之德行基础,便会缺少孝道的成分,他同样也会爱他的孩子而忽略了你!

颠倒的"人与兽"

孝道乃是做人的基础,是完整人格必备的条件之一。古人云:"鸦有反哺之义,羊知跪乳之恩。"身为万物之灵首的人类,如果不去孝顺父母,又凭什么顶天立地做人呢?

有的家庭兄妹多,生活条件都很好,可是在赡养老人问题上却讲客观、摆条件、谈困难、找借口,相互推诿扯皮。

女儿说:"嫁出的闺女是泼出去的水,父母应是兄弟们养活。"

弟弟说:"我沾父母的光最少,父母应哥哥养活。"

哥哥说:"从小我帮父母拉扯你们出力太多,父母现在应该轮到你们养活。"

相对困难的子女说:"父母应该由富裕的子女养活。"

相对富裕的子女说:"父母应该由大家共同养活。"推来推去,老人无奈,成了流浪汉,不得已沿街乞讨。

传统曲目《墙头记》中把古代兄弟二人相互推诿、不养父母的不孝行为表现得淋漓尽致。剧情是这样的:

一位老父亲辛辛苦苦把两个儿子拉扯成人,安家立业,娶妻生子,日子过得红红火火。可是两个不孝之子却把父亲视为累赘,为赡养老父亲,兄弟二人还大打出手,并在两家之间砌上了一堵高墙,发誓老死不相往来。

可老父亲总得有人养啊,无奈之下兄弟二人签订了每人赡养一个月的"分养协议"。大儿子首先赡养了一个月,30 天后从墙头上把老父亲交给了二儿子。恰值第二个月是 31 天,二儿子认为自己要多赡养一天,吃了亏,于是到第 30 天就把老父亲送到了墙上。大儿子以"按月计算"协议为由,拒不接受老父亲,可怜的老父亲就在高高的、窄窄的墙头上饥寒交迫地坐了一天。

现在很多人都在赡养父母的问题上互相推诿，甚至闹上法庭。有些人或迫于舆论的压力，或碍于面子，最终才赡养了父母。

中国社会一向有"多子多福""养儿防老"的传统观念，但实际情况说明孩子多了却出现了"三个和尚没水喝"的尴尬局面。

2005年某媒体转载了这样一件令人寒心的事：一位年逾七旬的老太太，由于身患重病，五个儿子推来推去，都不愿抚养。小儿子对哥哥们有意见，居然在带母亲看病的途中，将母亲遗弃街头。

中国古老的《诗经》对这样的现象也做过辛辣地讽刺："有子七人，莫慰母心。"意思是，有位母亲辛辛苦苦生有七个儿女，但到老了也无人慰藉母亲。所以《劝报亲恩篇》中告诫说："人子一日长一日，爹娘一年老一年。劝人及时把孝尽，兄弟虽多不可攀。"

辽宁老人张某，膝下三儿一女。儿媳、女婿都是干部，家家日子过得很红火。5月的一天，老人突发脑病，五天昏迷不醒。此时此刻儿女们想的不是如何救治老母，而是一起开会，将老人的房产和1万元现金及5万元存折瓜分了。正当他们等着老人咽气时，第九天老人却奇迹般地醒了过来。

这样的儿女哪有一点孝心可言，让人寒心！多子女的家庭把"争遗产之心"转换为"争赡养之行"，那该多好啊！

这样的"孝顺"在我们身边究竟还有多少？孝顺父母理应各尽其心，因人而宜，可以有力的出力，有钱的出钱，互相取长补短，共同来为父母颐养天年尽孝心。

有的父母宁可自己少花点，把节余的钱暗暗地补助给贫困的子女，这种现象在现实生活中也是常见的。十个手指虽然不一般长，但咬咬哪个都疼，父母不忍心看到自己任何一个孩子生活困难，富裕的子女在这一点上应该理解和宽容，这并不是偏袒，"此乃父母兼爱之心也"。

然而，同胞之间，怕吃亏，要求绝对平等，以牺牲老人为代价。不少农村老人由子女轮养，吃饭如同乞丐要饭，儿子媳妇脸色难看，说话难听，遇到一个子女不兑现，不是断炊就是无处栖身。老人治病无钱，只好小病忍，大病拖，听天由命，备受痛苦的煎熬。

这样不孝之人，我们还能称之为人吗？确实禽兽不如！

明初文学家宋濂在《猿说》中讲述了这样一个慈孝故事：

福建武平地区，有一种毛似金丝，闪闪发光的猿猴。幼崽从不离开母亲，母亲也时刻机敏地保护着孩子。一次母猿不幸被猎人射中，它知道自己生命垂危，于是就拼命挤出自己的奶水，洒在石上，以留给幼崽吃，当乳汁挤尽后气绝而亡。为了抓住幼崽，猎人在树下用鞭子抽打着母猿，幼崽实是目不忍睹，便哀叫着从树上跳了下来，自投罗网。最后幼崽抱着母亲乱蹦乱跳，心痛至死。母亲死得多么惨烈，幼崽死得多么悲壮，母子情深，实是动人。

"驴子孝"的故事同样令人动容：

2000年4月9日，敦煌地区于维明老人喂养的一头驴妈妈——"桑桑"，因在野外误食毒草而突然病倒了，刚刚出生三个月的驴宝宝——"毛毛"发现后拼命地用头拱妈妈，用蹄子推妈妈，企图把妈妈扶起来与其一起回家。

尽管"毛毛"想尽一切办法，但还是无济于事，无奈自己跑回家，领主人把"桑桑"运了回去。驴妈妈从发病到死亡的七天时间里，"毛毛"寸步不离妈妈，眼睛里总是不停地流着泪水，有时低吟，有时仰空嘶鸣，试图唤醒妈妈；在这七天里，"毛毛"总是不停地用舌头舔妈妈的身体和眼睛，试图让妈妈睁开眼睛再看看自己。

于维明的老伴看在眼里痛在心上，专给"毛毛"做了一锅平时最爱吃的稀饭，摸着"毛毛"说："孩子，我6岁时死了母亲，可我也得活呀。你也要挺过来呀，喝一点稀饭吧。"

"毛毛"看了看，又闭上了眼睛。就这样，"毛毛"不吃不喝，整天围着妈妈转啊、拱啊、舔啊、叫啊，身体一天天瘦下来。直到第七天妈妈死去，"毛毛"最后一次舔了舔妈妈的眼睛，一头栽到妈妈怀里，死去了。

牧人于维明含着热泪埋葬了它们。著名探险家、诗人乐荣华听说这个故事，心灵受到前所未有的震撼，在悲痛之中，为这对驴母子立了墓碑，墓碑

孝道——古今百善孝居先

114

前面刻着"驴子孝"三个大字,后面刻着墓志铭。

过去,农村不孝敬老人受到全社会的舆论谴责,还会引起公愤。不孝子女不敢为所欲为。**现在舆论弱化,谁也不愿意得罪人。不少老人怕"家丑外扬",子女更是无所畏惧,变本加厉地虐待不敢声张的老人。**

还有一些子女受功利主义的影响,对老年父母采取实用主义态度,老人身体尚好,还能种菜、饲养、做家务,或者可以照看孙子孙女,就欢迎,一旦做不了了,反而需要别人服侍,而且生病花钱多,就厌烦,甚至怨恨。亲子之间的关系成为商品关系。一些子女强迫老人从事过重家务劳动,动不动就训斥,使老人从精神和肉体上遭受摧残。

所以,有人用球来讽刺当今的不孝子,当父母有用的时候,当作橄榄球抢来抢去;不中用的时候,就当作足球,踢来踢去;父母老了、病了,就变成铅球,推得越远越好!俗云:"孝顺父母天降福。"因此,看上去推走的好似负担,其实推走了自己的福德。

心灵悄悄话

是谁在亲吻母亲的脸颊,从清晨到日暮守护着她?是谁依偎在母亲的腋下,用自己的身体温暖着她?哦,妈妈,孩子怎能将你丢下?哦,妈妈,养育之恩还未曾报答。快快醒来吧,我要牵着手和你一起回家……

颠倒的"恩怨"

不孝子是如此这般地对待自己的父母,而父母又是如何对待不孝子的呢?

古时有个财主,不孝顺母亲,将母亲赶出家门,沦落为乞丐。

有一天,母亲乞讨到儿子家门前,儿子正带着孙儿出来,老人急忙躲了起来,心中默默祈祷:"我见我儿生了儿,别叫孙儿弃我儿,我儿不孝我无妨,但愿孙儿孝我儿!"

不论你怎么对她,她都会原谅你,这就是母亲!做儿女的,于心何忍?

儒学大师曾国藩曾说过:"孝顺父母、友爱兄长的人家,则可以绵延十代八代。"可见**只有孝顺父母,友爱兄长才能使福禄增长,家势好运经久不衰。**

邓小平赡养继母;许世友四跪慈母;温总理陪母;鲁迅敬母北京某上市集团的张总愿折寿延长父命,父亲病危期间,日夜守候,在走廊里度过一周的不眠之夜;金利来老总为母亲过生日,曾跑遍了全市,却买不到一块像样而又满意的蛋糕,于是他在心中发誓,将来一定为父母做一块最大最美丽的蛋糕,由于他的这片孝心,终于成就了蛋糕大王的美称;周大生金银珠宝行的周董事长感慨说道:"**我们所为父母做的一切是应该的;所做的一切与父母相比是微不足道的;孝顺父母不容等待,要好好珍惜与父母的这段因缘。**"

当代的大孝子谢延信,曾被评为感动中国十大人物之一。他30年如一日地细心照顾自己的岳父岳母,从无推脱,这样的举动就连亲生儿女也未必能做到,可他这个女婿做到了。

1998年春节晚会上,《常回家看看》这首歌让人们于不经意间想起我们这个民族传统的孝道。据歌手陈红说,她唱了这首歌后,有的老年人拉着她

孝道——古今百善孝居先

的手连声说："这首歌唱出了我们的心声。"然而，被这首歌所震撼的不仅是老年人，还有很多中年人、青年人……"

如果我们不缺少亲情，我们还会被这首歌所震撼吗？

俗云："教儿婴孩。"儿童天性未染前，善言易入；先入为主，及其长而不易变；故人之善心、信心，须在幼小时培养；凡为人父母者，在其子女幼小时，即当教以孝悌之道，以培养其根本智慧及定力；更晓以因果报应之理，敦伦尽分孝道；若幼小时不教，待其长大，则习性已成，无能为力矣！

所以，该到认祖归宗的时候了！我们今天重新提倡孝道，重振纲常伦理，唤醒世人之本性，使家庭幸福、社会安宁、国家和谐乃至世界大同，有着极其重要而又深远的意义。

心灵悄悄话

在今天这个物质已经很丰富的年代，对于消费相对较低的老年人群来说，缺少的更多是心理需求，而不是物质需求。从暴力到杀害，从威胁到遗弃，从孤独到空巢，从顶撞到叛逆，对父母双亲顾而不陪，陪而不养，养而不敬，敬而不顺，顺而不劝，劝而不诚，诚而不恒等种种社会现象，着实令人担忧、令人痛心。

孝道榜样——母亲的偏方

妻和我恋爱的时候,长得白白胖胖的,加上她的娃娃脸,活脱儿一个洋娃娃。

那时,妻一心想减肥。她说我和她站在一起,左看右看就是不般配。她实施了运动、节食、吃药等系列减肥法,就是不见效,最后还是听了我一句"一切顺其自然吧",她才罢休。

我第一次牵着妻的手回家,原以为全是瘦子的大家庭会对她说三道四,殊不知,父母看到她喜得合不拢嘴。

酒桌上,我朝家人幽默了一句:"小平什么都好,就是胖了点儿。"话一出口,母亲就反驳:"胖有什么不好,胖说明小平心宽、量大、生活水平高。"妻听了,笑红了脸。

然而,妻自从去年生了儿子后,身体极度地消瘦下去,瘦得有些让人难以接受。亲戚朋友见到她,都悄声问我,小平是不是有病缠身?面对众人的好心,我建议妻进行食补,可依然不见效。妻本人却精神十足:原来一心想减肥,总是减不了,可眼下想胖也胖不起来了。妻每天照着镜子面对自己的骨感美,很是满意。

儿子过周岁,我们一家三口欢欢喜喜到乡下老家为儿子办周岁宴。一到家,母亲从妻的怀中接过儿子就愣住了,看着妻像看外星人似的,眼神充满焦虑。

办完酒宴后,母亲把我拉到一旁,一边叹息,一边自责:"唉,我知道小平瘦成这样都是因为月子没坐好,都是妈的错,你们怎么会知道月子的细节,女人补在月子。唉,小平心里肯定怨我这个做婆婆的,一没有服侍她坐月子,二没帮她照料孩子。当时我也急着准备去城里照料她们母子,谁知你爸病了……"

面对母亲突如其来的自责,我一时不知说什么好,良久,才嗫嚅着说:"妈……这不关你的事,她一心想着减肥呢。"母亲不再言语。

回城的路上,我在心里总结了妻身体消瘦的原因:以前恋爱时,她快乐无忧,饭吃得香,觉睡得沉;自从儿子出生后,她的心全在儿子身上了,加之我们刚贷款买了房,花店生意、家务全落在她身上……一想到此,我觉得欠妻的不是母亲,而是我。

立夏那天早晨,我们还在睡梦中,就被一阵急促的门铃声唤醒。门一开,发现母亲左手一只鸡,右手一个冬瓜,微笑着站在门口。我连忙让母亲进屋,母亲满脸喜悦,用眼瞅瞅房间里还在睡的妻儿,把我拽进厨房里,小声地说:"上次宝宝过周岁后,我就四处向人打听补月子的偏方。听人说,未啼叫的小公鸡和青冬瓜煲汤,效果极好。"母亲说到此,我明白了她此次进城的目的。

接着,母亲又说:"我赶在春上,买了 60 只雏鸡,不喂鸡饲料,喂的全是五谷杂粮,院子里全被我播下冬瓜种,一次农药也没喷洒过,瓜秧上有虫儿,我和你爸就趁早晨露水未干把它们捉掉。我和你爸在家天天盼着鸡长大、秧儿结瓜。一天天、一月月过去了,小公鸡长出鸡冠,冬瓜碗口粗。你爸总是担心小公鸡啼叫,可我心里有数,我扳着指头算着呢……"母亲说着,我的心却微微有些疼痛。

不一会儿,母亲拿着刀下楼杀鸡了,而我不知是叫醒妻还是让她继续睡,看着冬瓜发傻。

正当傻愣着时,已经回来的母亲推了我一下,问液化气灶怎么开。我心一惊,轻声说了句:"妈,难为您了,还是让我来煲汤吧。"谁知她不高兴地回了我一句:"我……我亲自煲,这样我心里才好受些。看小平瘦成这样,我心里疼着呢。她嫁给你,不嫌咱家穷,不怨老人不帮她带孩子,本来白白胖胖的,只因来到我们家才……我们家欠她的呀。"

我拗不过母亲。

半小时后,厨房里飘来鸡汤香。接着,妻儿相继起床。

妻洗漱完毕,正碰上母亲端着一碗乳白的鸡汤到餐桌旁。妻惊讶地问:"妈,你啥时候来的?"母亲微笑着看着妻,急急地说:"小平……快趁热喝了吧。"妻看到那碗漂着油花儿的鸡汤,皱起眉头向我求援。母亲发现妻的表情,二话没说,抱着儿子下楼了。

母亲一走,妻向我责问起来:"怎么回事,一大早喝什么鸡汤?"当我告诉妻,这是母亲准备了近半年的偏方时,妻慢慢端起碗。我分明看到她的眼睛红了,她强忍着眼泪一口一口慢慢喝下去……

心灵悄悄话

母亲,始终用一双发现爱与美的眼睛关注着生活,她的目光所到之处充满了真情。在我们遇到重重困难的时候,在我们远离故土奔波他乡的时候,母亲会用爱调制亲情的"浓汤",抚慰我们的忧伤,治疗我们的伤痛。只要想起了母亲,志向消沉就会转为意气风发;只要想起了母亲,访徨无依的心灵就找到了栖身的家园。原来,母亲的爱才是最沁人心脾的"偏方",才是生命中最好的一剂良药。只有淌洋在这温情中时,我们的心灵才能得到滋润,爱才变得浓重,情才得到升华。

第七篇　及时行孝

　　孝是稍纵即逝的眷恋，"孝"是无法重现的幸福，"孝"是一失足成千古恨的往事，"孝"是生命交接处的链条，一旦断裂，就再无法连接。

　　父母为我们付出得太多，他们也曾经和我们一样充满激情，拥有很多机会，但是为了抚养儿女，他们甘愿做一个普普通通的人，甘愿把更多的机会留给孩子。这样的牺牲，值得我们每个人牢记心中，值得我们每时每刻孝顺他们。

　　人生在这个世界，成长在这个世界，都源于父母。父母给了我们生命，哺育我们成长。因此，孝敬父母，尊敬长辈，是做人的本分，也是各种优秀品德形成的前提。

子欲养而亲不待

孝是中华民族的传统美德,一直以来所受的教育使我们懂得:**孝敬父母是不能等的。**很多人为自己没有机会侍奉父母而终生遗憾。为此,我们从小要树立孝顺父母的意识,不要等到长大了再去孝顺父母。

老舍先生在《我的母亲》一文中写道:"生命是母亲给的,我之所以能长大成人,是母亲血汗灌养的。我之所以能成为一个不十分坏的人,是母亲感化的。我的性格、习惯,是母亲传给我的。她一世未曾享过一天福,临终前吃的还是粗粮。唉,还说什么呢? 心痛! 心痛!"

季羡林先生在《赋得永久的悔》一文中写道:"我永久的悔就是:不该离开故乡,离开母亲。"季先生的家在鲁西北一个极端贫困的村庄。离家多年,成为清华学子的他,突然接到母亲去世的噩耗,急忙赶回家乡,"看到母亲的棺材,伏在土炕上,一直哭到天明"。季羡林先生在文章中写道:"我后悔,我真后悔,我千不该万不该离开了母亲。"

萧乾先生在回忆母亲时说:"就在我领到第一个月工资的那一天,妈妈含着我用自己劳动挣来的钱买的一点儿果汁,就与世长辞了。我哭天喊地,她想睁开眼皮再看我一眼,但她连那点儿力气也没有了。"

当我们在父母的身边慢慢长大时,当我们上学放学总能看到那熟悉的身影时,请不要想着等自己长大了再孝顺父母,在我们成长时期,大多数人理所当然地享受着父母给予的一切舒适条件,然而我们是否应当思考这样一个问题:我们应该如何善待自己的父母?

当代女作家毕淑敏在《孝心无价》中说:"我相信每一个赤诚忠厚的孩子,都曾在心底向父母许下'孝'的宏愿,相信来日方长,相信水到渠成,相信自己必有功成名就、衣锦还乡的那一天,可以从容尽孝。**可惜人们忘了,忘了时间的残酷,忘了人生的短暂,忘了世上有永远无法报答的恩情,忘了生**

命本身有不堪一击的脆弱。"

父母为我们付出得太多，他们也曾经和我们一样充满激情，拥有很多机会，但是为了抚养儿女，他们甘愿做一个普普通通的人，甘愿把更多的机会留给孩子。这样的牺牲，值得我们每个人牢记心中，值得我们每时每刻孝顺他们。

"子欲养而亲不待" 出自《孔子集语》的一个故事。

春秋时，孔子和弟子们出去游玩，忽然听到路边有人在啼哭，就上前去看怎么回事。啼哭的人叫皋鱼，他解释了自己啼哭的原因："我年轻时好学上进，为了求学曾经游历各国，等我回来时父母却已经双双故去。作为儿子，当初父母需要孝顺的时候我却不在身边，这好像'树欲静而风不止'；如今我想要孝顺父母，父母却已经不在了。父母虽然已经亡故，但他们的恩情难忘，想到这些，内心悲痛，所以痛哭。"

孔子说："弟子们应引以为戒，这件事足以让人懂得该怎么做了。"

之后，孔子的学生中辞别回家赡养双亲的有十三个人。

青少年朋友们，如果你爱自己的父母，那么现在就孝顺，不要等将来父母都不在了而留下遗憾。 父母照顾孩子尽心竭力，他们的青春逝去了，青丝变成了白发，我们在年少时不能完全理解父母的爱，等我们长大之后理解父母的苦心时，父母已经牙齿稀疏、目光浑浊，再没有精力感受我们的爱了。

孝敬父母要趁早，从小开始，从现在开始，不要等父母都不在了才想起孝顺，那已经为时已晚，只能空留遗憾。

儿不嫌母丑，狗不嫌家贫

有些青少年觉得自己的父母老了、丑了，就开始在心里嫌弃父母。他们不让父母到学校，不让父母出现在同学们面前，觉得父母给自己丢脸了。对此，我们不禁要问，这些青少年成年以后，会孝顺父母吗？

裴秀，西晋时期河东闻喜人，字季彦，他的父亲是裴潜，曾在曹魏时期担任过尚书令。裴秀是父亲的妾所生，这个母亲身份卑微，常常受到正室宣氏的歧视，但裴秀从来没有因此不孝顺母亲。相反，他从小就聪明好学，而且

孝道——古今百善孝居先

对母亲十分孝顺。因此，大家都知道裴秀的母亲有个孝顺的儿子。

有一次，宣氏在家里大宴宾客，她想给裴秀的母亲难堪，于是故意让裴秀的母亲为客人上菜。但令人意外的是，大家看到裴秀的母亲为他们端菜，都纷纷站起来，接过饭菜，并对之行尊重之礼，裴秀的母亲感到很欣慰。而躲在后面屏风里的宣氏看到这个情况十分不解。因为裴秀母亲的身份卑微，实在不应该受到如此的礼遇和尊重。后来，她终于明白宾客们这么做是因为裴秀的孝道让他们尊重，因此她便再也没有轻慢过裴秀的母亲。

后来，裴秀凭借着自己的才华和高尚的情操，一直做到尚书令，并且被封为济川侯，成为西晋时期的一代名臣。

在封建时代，小妾身份卑微，但是裴秀丝毫不嫌弃自己的母亲，反而用实际行动使母亲得到了众人的尊重，这种孝心值得青少年学习。

不要嫌弃自己的父母，因为是他们把你带到这个世界上，是他们让你有机会看到、听到、感受到这个多彩的世界。

永远不要嫌弃你的父母着装不体面或是身上脏兮兮的，因为你应该知道他们是如何一遍一遍教你穿衣服，每天不管你多调皮，把衣服弄得多脏，他们都耐心地把你打扮得干干净净。

永远不要嫌弃你的父母唠叨，因为在小时候他们一遍又一遍地讲着同样的故事，只为让你安静地睡着。

永远不要嫌弃你的父母行动迟缓，因为你永远想象不出你小的时候他们是如何耐心地教你走路。

永远不要嫌弃你的父母学不会电脑，不会用手机，因为你永远不会忘记在你小的时候他们是如何不厌其烦地教你认字，教你拿笔。

如果父母腿脚不听使唤，我们就扶一把，就像小时候他们扶着我们一样；如果父母已不能自己吃饭，我们就喂他们吃饭，就像小时候他们喂我们一样。

如果父母寂寞地待在家里，让我们腾出一点时间陪陪他们，这些都是我们应尽的义务。愿天下所有有孝心的子女学会孝顺父母，不要让自己留下遗憾。

尽自己能力去帮父母分忧

孩子是家中的宝贝，父母通常都舍不得让孩子干活，所以有些孩子养成了什么事情都靠父母，从来不为父母分担家务的习惯。然而，父母上要养老，下要养小，他们也有自己的压力。**作为子女，我们不要让父母太过辛苦，多帮助父母分担一些压力，做一些力所能及的事情。**

江城的中小学中，有这么一群孩子：他们随父母从外地来城市，父母多是务工人员。由于家境不宽裕，孩子们早早地知道了柴米油盐价，并主动为父母家人分担生活的重担。

这是真实的事，小小年纪就知道为父母分担家务，他们是名副其实的"小鬼当家"。他们知道感恩，知道父母的辛苦，所以，在他们小小的心灵里，有一份力量，这份力量分担了父母的压力，温暖了父母的心灵。

为父母分担压力，是当下青少年应该有的思想意识。古有黄香，如今更需要有成千上万个黄香。俗话说**"孝子看小"**，如果我们小时候都不懂得孝顺父母，那么长大了又何以谈孝呢？

我国著名地质学家李四光出生于1889年。李四光的父亲是乡间的一个教书先生，每个月的收入少得可怜，根本不够养家用，辛亏他的母亲精明能干，才使一家人勉强度日。

李四光小的时候，不仅勤奋好学，而且特别孝顺父母，总想着为父母分担忧愁。他上小学的时候，就知道帮助父母干家务活了。

有一天，李四光刚从私塾里放学回来，看见母亲正用石杵费力地舂米。于是，他立即放下书包，跑过去帮母亲干活。因为石杵特别沉，所以他才干了一小会儿，鼻尖上就沁出了汗珠。

母亲看见了，心疼地说："好孩子，你上学已经很辛苦了，应该休息一下，这些重活还是让娘来做吧！"但李四光非常执拗，他说："我要帮娘干活，我不累！真的，我现在一点都不累！"于是，他一直努力坚持着，直到把米舂完，才停下来休息。

为了帮助父母减轻生活上的压力，李四光想出了许多办法。每年夏天，只要到了收麦子的季节，李四光就会约上几个小伙伴，到别人家收过麦子的大田里捡别人落下的麦穗。虽然捡到的麦穗不多，但是父母看到他这么懂事，已经非常欣慰了。

孝道——古今百善孝居先

看到家里没有柴烧了,李四光同样约上自己的小伙伴,带着斧子和绳子,到大山里去砍柴。有一次,李四光又和小伙伴们一起上山砍柴,由于山路很陡,路面也非常滑,他一不留神,摔了一跤,膝盖都被磕破了,鲜血直流,别的小伙伴劝他不要再上山了,可他不同意,还是坚持上山砍柴。

傍晚,李四光和小伙伴们每人都背着一大捆柴火回家。母亲也早早地站在村口等待儿子。看见李四光一瘸一拐地回来,母亲赶紧迎了上去。看着他膝盖上的伤口,母亲不由得流下眼泪来,她说:"孩子,以后别去了,娘再也不让你上山砍柴了……"

李四光却非常懂事地说:"娘,我一点儿都不疼,真的!再说,我多累一点,娘就可以多歇一会儿呀!"

李四光不仅是一个为家分担忧愁的好孩子,而且在学校里努力学习,取得了优秀的成绩。长大之后,李四光成为一名优秀的地质工作者。经过十多年的野外考察,他彻底否定了外国权威专家给出的"中国贫油论"观点,为我国的石油事业做出了卓越的贡献。

报答父母的养育之恩,就是要我们常常关心父母,处处体谅父母,时时为父母分担压力,少让他们操心,多为他们着想,多为父母做一些我们力所能及的事。对于青少年,我们报答父母,就要体会父母的艰辛,尊重父母的劳动,做到不浪费、不乱花钱,培养自己做家务、勤劳动的好习惯。

心灵悄悄话

这个世界上,什么事情都可以等,只有孝顺不能等。青少年时期我们忙学习、忙作业、忙成绩,长大成人后忙工作、忙事业……当我们认为可以孝顺父母的时候,可能已经晚了。趁父母还健在的时候,我们应该多陪伴他们,用行动来表达对父母的爱。

马上、立刻去尽孝

当我们还是青少年的时候似乎不太懂得孝顺父母,而当我们懂得的时候父母已经不再年轻。世上有些东西可以弥补,有些东西永无弥补。**孝是稍纵即逝的眷恋,"孝"是无法重现的幸福,"孝"是一失足成千古恨的往事,"孝"是生命交接处的链条,一旦断裂,就再无法连接。**

赶快为你的父母尽一份孝心。也许是近在耳边的一句贴心话,也许是作业本上的一个红五分,也许是一顶庄重的博士帽,也许是一桌山花,也许是一件漂亮的衣服,也许是一双洁净的布鞋,也许是大把的钞票,也许只是带着体温的一枚硬币⋯⋯

但在"孝"的天平上,一切等值。只是天下的儿女们,一定要抓紧啊!趁父母健在的光阴。青少年朋友,从今天起、从现在起,善待父母吧,不要让眼泪、悔恨代替无法报答的孝心!

一位女孩大学毕业后,回到家乡当了一名小学教师。在一次同学聚会时,她出于职业习惯,为大家讲起她所教那个班级的一些事情。

"有一次,我给学生们布置作文,题目是《我的理想》。好多学生尽管文笔不好,但理想都很远大,有要当警察的,有要当科学家的,有要当音乐家的,可是班上偏偏有这样一个学生,他是这样写的,'爸爸有病很早就去世了,只有我和妈妈相依为命。妈妈胆子小,很怕晚上会有鬼。于是我就想,我长大了的理想是做一只勇敢的狗,天天陪在妈妈身边,让她睡个好觉⋯⋯'"

孩子的这些话也许会令大人们发笑。然而,他的理想深深地打动了许多人。这个理想对那个孩子的妈妈来说,一定是世间最大的安慰。

生活在今天的孩子们是幸福的,同时也是不幸的。 过多的呵护使许多孩子习惯了来自父母的爱,认为父母为自己付出是理所应当的;这些孩子很少为他人着想,更不会想到用自己的爱去回报父母,他们逐渐丧失了一颗感受亲情的感恩之心。

人必须懂得对亲情感恩,打开心扉,于平淡生活中品味亲情之真,体验亲情之美,吟唱亲情之善。于是,亲情才能更加温暖我们的生活。

生活中,我们总是对父母要求太多。我们是否想过,自己能为父母做些什么?

小旭正在上初中,他平常很勤快,经常帮助父母做家务。一天,他突发奇想,想开一张账单给妈妈,索取他每天帮妈妈做家务的报酬。几天后,妈妈发现在她的餐盘旁边放着一份账单,上面写着:

母亲欠她的儿子小旭如下款项:

为母亲洗碗20元;
为父母打扫屋子10元;
在花园里帮助大人干活20元;
为大家洗了马桶10元。
共计:60元。

小旭的母亲仔细地看了一遍这份账单并收下了,她什么话也没有说。晚上,小旭在他的餐盘旁边发现了他索取的60元报酬。正当小旭感到如愿以偿,要把这笔钱放进自己口袋时,突然发现在餐盘旁边还放着一份给他的账单。

他把账单展开读了起来:

小旭欠他的母亲如下款项:
为在她家里过的十年幸福生活0元;
为他十年中的吃喝0元;
为在他生病时的护理0元;

为他一直有个慈爱的母亲0元。

共计:0元。

小旭读着读着,感到羞愧万分。过了一会儿,他怀着一颗羞愧的心、蹑手蹑脚地走近母亲,将小脸藏进了妈妈的怀里,小心翼翼地把那60元塞进了她的围裙口袋。

人们习惯于被照顾,在亲人无私的爱护下,我们渐渐觉得父母所做一切都是理所当然的,在接受时逐渐变得心安理得。**青少年朋友们,请不要无视父母为我们付出的辛劳,更别忽略父母那颗默默奉献的心。**

不要总想向父母索取什么,而要懂得孝顺他们。俗话说,千跪万拜一炉香,不如生前一碗汤。所以,在父母的有生之年,及时孝顺他们吧!

及时行孝吧

在我们的作文里,常常写着爱父母的优美句子,但我们做的是否与写的一样呢?当我们说孝的时候,检查一下自己是否做到了呢?在这个方面,大书法家黄庭坚可以作为我们的榜样。

黄庭坚,北宋时期著名文人,是当时四大书法家之一,与苏东坡齐名,世人尊称他们二人为"苏黄"。黄庭坚不但写得一手好字,还曾经担任过国子监、太史等官职。作为达官显贵,他虽忙于政事,但对于自己的老母亲总是亲力亲为、事无巨细地照顾。

在母亲生病的时候,他总是衣不解带,日夜守护在母亲身边,为母亲料理卫生,陪母亲聊天解闷。即使在平时,他也每天都为母亲把便桶洗得干干净净。有时候,他家里的仆人总是劝他休息一下,这些事情由他们来干就行了,但是黄庭坚仍坚持自己为母亲洗便器,他说,在我小的时候,母亲从来没有嫌弃过我,为我擦屎擦尿;现在母亲老了,正是该我回报母亲的时候了。

黄庭坚认为为母亲做这些事情能让他感觉到很开心,因为这是在尽儿子应该尽的职责。**孝顺绝不是喊口号,讲空话,而是像黄庭坚那样,用实际的行动表达自己对父母的孝顺之意。**

我国古代伟大的思想家、教育家孔子一生弟子三千,其中贤弟子七十二人。这七十二人中有一个叫子路的人,他在所有弟子当中以勇猛耿直闻名,而其自幼的孝行也常为孔子所称赞。

子路小时候家里很穷,一家人时常在外面采摘野菜充饥。有一次,子路年迈的父母很久没有吃过饱饭了,盼望着能吃上一顿米饭,可是家里一点米也没有。

子路看在眼里,急在心里,这可怎么办啊?子路突然想起舅舅家里还比较富裕,要是翻过那几座山到他家借点米来,那父母的心愿不就可以满足了吗?于是,子路打定主意便出发了。

他不顾山高路远,翻山越岭走了几十里路,从舅舅家借到一小袋米,又马不停蹄地往家赶。夜里,子路一个人走在漆黑的山路上虽然有点害怕,可想到父母还在家里等着自己,便又鼓起勇气,大步流星地朝前赶去。

回到家里,子路生火、洗锅、打水,蒸熟了米饭,自己一口也舍不得吃,连忙捧给父母。看到父母终于吃上了香喷喷的米饭,子路忘记了一路的疲劳,开心地笑了。

父母去世以后,子路南游到楚国。楚王非常敬佩他的学问和人品,给子路加封官职,并赠送百辆车马,家中积余下来的粮食达到万石之多。过上富裕的生活后,子路常常怀念双亲,感叹说:"真希望再同以前一样地生活,吃野菜,到百里之外的地方背回米来给父母吃,可惜现在没有办法如愿以偿了。"

"树欲静而风不止,子欲养而亲不待",这是皋鱼在父母死后发出的叹息,正与子路的心态不谋而合。尽孝并不只是用物质来衡量的,更重要的在于你是否有一颗孝心并付诸行动。

我们能孝敬父母、赡养父母的时间一日一日减少,如果不能及时行孝,也许就要徒留终生的遗憾。 孝敬要及时,不要等到追悔莫及的时候,才思亲、痛亲之不在。

然而,今天的很多孩子缺乏尊重父母、尊重长辈的美德,他们以自我为中心,自私自利。想想看:一个连父母都不尊重的孩子,他怎么能算一个好孩子？他怎么能算一个好学生？长大后，他怎么能尊重老人、赡养老人？怎么能担负起家庭和社会的重任？学习那么多关于孝顺的文章又有什么用呢？知道孝顺固然重要，但更重要的是行孝。

做让父母高兴的事就是孝心

孝子不仅是我们每个人应该努力成为的，同时也是一种荣誉。一个人倘若得到这样的荣誉，即便没有像古代那样加官晋爵，他的付出也是值得的，是世间最有价值的。

某地的财主有两个儿子，大儿子愚笨，很不讨人喜欢，小儿子聪明伶俐，在家中备受宠爱。财主特别尽心抚养小儿子。两个儿子逐渐长大了，大儿子一直在家里陪着父母，小儿子因为颇有才华，被父亲送到县城读书。

小儿子果然不负众望，考取了功名，一家人欢天喜地，两位老人也准备收拾行李，和小儿子一起到新地方开始生活。本来小儿子不想带父母，但是想到兄长愚钝，就勉为其难地带上了两个老人。

到了就职的地方后，小儿子给父母选了一间房子，安排了一个仆人，从此就消失了。两位老人看不见他的人影，生病后也只能使唤下人去找大夫，并由仆人照料、护理。虽然在这里不愁吃穿，但是二老心里很难过。

一年以后，大儿子带着家乡的特产过来看弟弟，一见到老人，就难过地哭了，一年不见，父母老了许多，以前健壮的父亲也瘦成了一把骨头。虽然大儿子很笨拙，但是十分心疼父母，他决定带着父母回家生活。

父母想到自己以前和大儿子生活在一起的时候，从来没有把他当回事，端茶倒水像下人一样使唤，但是他从来没有生气，反倒乐呵呵地照顾父母，不禁也流下眼泪。就这样，笨哥哥又带着老人回乡下去了。小儿子想不明白，为什么父母不跟着有头有脸的自己，却要和愚笨的哥哥一起生活。

其实，感动老人的正是大儿子的一片孝心。**不管我们能给父母提供怎样的生活条件，父母都可以过日子，最重要的，是让父母感受到我们的孝心，使他们快乐。**

就像得到功名一样，得到"孝子"的称谓也需要付出很大的代价，甚至超过其他的荣誉。**因为孝子是一份终生的"事业"，也是一份需要自我牺牲的**

孝道——古今百善孝居先

"**事业**"。而人的天性中有自私的成分,除了父母对子女毫无保留不求回报的爱之外,就算是子女对父母,当需要自己付出的时候难免会有一些抱怨。

但是,我们的良知和道德都不允许我们放弃成为一个孝子。无论怎样,我们都只应当善待父母,不仅从物质上,更从精神上让父母过得舒服,让他们与自己都乐在其中。这没有任何理由,只因为他们是你的父母。

从前,一个珠宝商很有名,他出名的原因不是由于他收藏的珠宝多,而是因为他的优秀品质。

一天,几个老人找他买一些宝石,老人来到珠宝商的家,说出他们需要的宝石,同时给出了一个合理的价格。可是珠宝商说现在不能看那些宝石,请老人过一会儿再来。老人认为珠宝商有意拖延,好以这个借口提高价格,他们不愿多耽搁,于是给出了双倍的价钱,珠宝商还是不愿意出示珠宝,老人只好出三倍的价钱,可珠宝商还是不接受,老人们只好怒气冲冲地走了。

几小时之后,珠宝商找到几位老人,把他们需要的宝石摆在桌子上。老人给出他们所报最高价的钱,珠宝商却说:"我只收你们早晨给出的合理价格。"

老人们奇怪地问:"既然如此,你那时候干吗不做这笔生意呢?"

珠宝商说:"你们来的时候,我父亲正在睡觉,宝石柜的钥匙在他身上,要拿宝石只能叫醒他。父亲年龄已经很大了,而且现在身体也不是很好,安稳的午休对于他来说是很重要的。所以一般在他老人家睡觉的时候,我从来不打扰他。即使你们给我全世界的金钱,我也不能打扰父亲的休息。"

珠宝商的话深深地打动了这些老人,他们动情地拍着珠宝商的肩膀说:"你这样孝敬父母,将来你的孩子也会这样孝敬你。"再名贵的珠宝,即使价值连城,也还可以明码标价。而一颗孝顺父母的心灵,却是无价之宝,没有人能为它标上确切的价格。

青少年朋友们,我们在一天天成长,父母却在一天天衰老,拿什么报答他们的养育之恩呢?**做儿女的,要多做让父母高兴、舒服的事,让他们乐在其中。**

很多时候年少的我们并不觉得父母是最重要的人,在有些事情上忽略了父母的感受，伤了他们的心。要知道，父母真正需要是孩子的懂事与关心。

子游问什么是孝道。孔子说："现在的人把能养父母便算作孝了。可就是犬马，也一样有人养着。没有对父母的一片敬爱之心，养老和养牛养马又有什么区别呢！"

仅仅有孝的举动，却没有孝心，是远远算不上真正的孝的。我们希望得到别人真心的爱，同样，父母也希望得到儿女真正的关心。只有心中这样想，让自己的孝行都发自内心，父母才能欣慰地接受你的孝心。

远在两千多年以前的周朝，在中国北方一个偏僻的小山村中住着一个叫郯子的少年。

郯子个子虽然不高，却机智勇敢，又特别孝敬父母，村里的大人、小孩都特别喜欢他。郯子常常对村里人说："父亲母亲生养了我，把我养大不容易，我要像父母爱我那样爱他们。"郯子不仅是这样说的，也是这样做的。

随着时光飞逝，郯子一天天长大了，他变得越发懂事，知道自己应该为父母分忧。他每天天刚蒙蒙亮就起床，帮助父母担水、做饭、打扫院落，侍候父母起床；一家人吃完早饭，他就背着绳索，拿着斧头上山去打柴以供家用。

这年赶上闹灾荒，田里收成不济，日子越发艰难，父母忧急交加，一时心火上攻，双双眼睛失明。这可急坏了小小年纪的郯子，为了给父母治病，郯子每天半糠半菜地侍奉双亲充饥后，就到处求人，四处寻医问药。

一天，郯子到深山采药，路过一座庙宇，便进去讨口水喝。他见到童颜仙骨的方丈，就向方丈请求治疗眼疾的药方。老方丈问明缘由，沉吟一下说："药方倒有一个，恐怕你采不来。"

"请说，我舍命去采！"

"鹿奶，鹿奶可以治眼疾。"

郯子听了，立即叩头谢过老方丈，飞步赶往鹿群出没的树林中。这里的鹿确实不少，可它们蹄轻身灵，一见有人靠近，就一阵风似的飞快逃去。怎样才能弄来鹿奶呢？郯子绞尽脑汁，昼思夜想。

一天，他见村东头猎户家的墙头上晒着一张鹿皮，忽地眼前一亮：把鹿皮借来，披在身上，扮成小鹿的模样，不就能悄悄接近鹿群了吗？

孝道——古今百善孝居先

于是，郯子迫不及待地走进猎户家，说明来意。好心的猎户欣然把鹿皮借给了他，还指点郯子如何模仿小鹿四肢跑跳的动作。经过多次演练，披上鹿皮的郯子乍看之下就是活脱脱一只小鹿子。

第二天，郯子用嘴叼着一只木碗，悄悄地蹲在树林里。待鹿群走近时，披着鹿皮的郯子像一只小鹿似的不紧不慢地凑到一只母鹿身边，轻手轻脚地挤了满满一木碗鹿奶。直到鹿群走开了，他才站起身来，捧着鹿奶直奔家中。

此后，郯子多次用扮成小鹿的办法，去挤母鹿的奶汁。有一天，他又上山去挤取鹿乳，没想到一个猎人却把他当成真鹿。在要射杀他的时候，郯子急忙走出来，告诉猎人真相，猎人大受感动。郯子的孝名也因此被传播开来，乡亲们都夸奖郯子是个孝敬父母的好孩子。

郯子的父母由于常常喝到鲜美的鹿奶，营养不良的身体一天天强壮起来，后来，他们失明的眼睛果然奇迹般地恢复了光明。

有些儿女可能会说，我让父母吃喝无忧，在物质方面给予父母极大的满足，我很孝顺了！但这些真的能让父母欣慰吗？其实不然，**孝顺并不仅仅是物质层面的，更是精神层面的**。对为子女辛劳一辈子的父母来说，他们缺的不是吃一口饭、看一次病的钱，而是子女的一声问候、一次交流、一份孝心。子女真心行孝才是父母最需要的。这对于我们来说，需要的不是力，而是心，是真心给老人们的孝心承诺。

心灵悄悄话

青少年朋友们，如果你爱自己的父母，那么现在就孝顺，不要等将来父母都不在了而留下遗憾。父母照顾孩子尽心竭力，他们的青春逝去了，青丝变成了白发，我们在年少时不能完全理解父母的爱，等我们长大之后理解父母的苦心时，父母已经牙齿稀疏、目光浑浊，再没有精力感受我们的爱了。

让孝心恒久远、永流传

中国古代大思想家、大教育家孔子总是劝告弟子们为父母尽孝。作为子女，一定要抽出时间，多陪陪父母，尽自己的孝心，不要等到想要孝敬时，父母都已经亡故而让自己空留遗憾。**"孝"这个字，千万不要让它像流星一样转瞬即逝，要像某个钻石广告语一样：恒久远，永流传。**

有句古语说得好，"百善孝为先"。孝敬父母是各种美好品德中最为重要的一项。人生在这个世界，成长在这个世界，都源于父母。父母给了我们生命，哺育我们成长。因此，孝敬父母，尊敬长辈，是做人的本分，也是各种优秀品德形成的前提。

快过年了，小李忙着给家里买过年的东西，因为春节火车票难买，所以他们决定一家三口在城市里过，不回老家，其实想想已经几年没有回家了。

正在他想的时候，"丁零零——"一阵电话铃声，小李拿起话筒，电话里有一个老人的声音："快过年了，还好吧？"

他一听这声，是妈妈打来的，就回了句："现在都挺好，只是过年忙了一些，您老还好吗？"

"我很好，你不用担心。"小李听着听着，又觉得不太像妈妈的声音，小李正疑惑，电话那头却开始说个不停，"你说年三十回来的，怎么又不回来啦？别人家老老少少都高高兴兴地庆团圆，而我和你爸却只有孤灯伴双影……"电话里的声音有些哽咽。

这时小李感觉不对，就看了一下显示屏，发现是一个陌生的电话号码。他确定老人打错电话了。可是，听着老人的无奈，小李仿佛看见一对风烛残年的老人期待子女回家团圆的希望破灭后，那种孤寂失落的冷清情景。

小李不忍心告诉她打错了电话，对着话筒说："妈妈，你别难过，儿子会回来看你们的。你们自己要多保重,你放心,你马上会看到我的。”

“哎,我们会照顾自己的,倒是你们常年在外,自己生活很不容易,处处要多小心。天气冷,要注意保暖。你的孩子今年长高了吧? 现在小伙子是不是很可爱啊? 我都好久都没看到他了。”听着电话那头老人的关心,小李的眼眶有些湿润。放下电话后,小李想起了自己的父母。

小李的父母也都七十多岁了,退休后一直住在乡下老家。平时,小李在城里忙,每天工作、生活、照顾孩子,也难得回家一次,有时回去一次,老人高兴得就像过节似的。这时,小李决定今年过年一定要回家去。他们买了回老家的票,回家和父母一起过年。

两个月过去,有一天,小李突然想起那个打错电话的老人,于是回拨过去。接电话的是一位男子,他听明白小李的意思后,沉默了好一会儿,突然抽泣起来。原来他就是那位母亲的儿子,他的母亲因心脏病发作去世了,他是赶回家办理丧事的。电话里,他难过地告诉小李:“我在城里经营着一家超市,原本打算回家过年的,可是那几天生意特别好,因为忙,所以未能回来。谁知道妈妈就这样走了……想起来,我好悔恨呀!”

我们千万不要等失去了才懂得珍惜,哪怕自己再忙也要常给父母打电话,常回家看看,因为父母不会一直在原地等你。当他们不在,我们后悔也无用了,不要像故事中失去母亲的儿子,为了事业而错过了亲情。

当你在外面玩得尽兴忘记时间时,母亲一直站在门口等你回去;当你耍脾气不吃饭,母亲热了又热,只怕你饿坏了;当你过生日邀请同学来家里的时候,母亲忙前忙后,准备了丰盛的饭菜,只为让你与同学玩得开心……你的平安、快乐,便是她最大的幸福。

人的一生中,许多事总也忙不完,但亲情的报答是有期限的,不要让孝顺变成流星一样转瞬即逝。我们一定要时时刻刻牢记着报答父母,不为自己留下遗憾。

凡事天地鬼神,不如孝其二亲,二亲最上之神也。——《四十二章经》

父母对子女的珍爱如自己的生命,嘘寒问暖,无微不至。他们是我们的“活菩萨”,他们的爱是那么的深、那么的无私。儿女的生日,最先为他们祝福的是父母;儿女生病,最先为他们担心的是父母;儿女金榜题名,最先为他们高兴的也是父母。**然而我们是否扪心自问一下：我们对父母的关心又有多少呢？**是否留意过父母的生日？是否在他们生病的时候照顾他们？是否在他们高兴时陪伴他们呢？

我们青春年少时，总以为来日方长，却忘记了在我们成长的过程中父母也渐渐地黄昏迟暮。也许有一天，我们正为赚钱而忙得天昏地暗的时候，却惊悉自己永远失去了至爱的亲人。

天下儿女们，找点时间，陪陪父母！**认真地为他们做家务，告诉双亲："以前，你们是我们的靠山，从今天开始，我们要当你们的靠山。"**这点滴的行动将会使他们获得莫大的慰藉和满足。否则，"子欲养而亲不待"将是世上最痛彻心扉的愧疚和遗憾。

是否曾给赋予你生命的母亲一声祝福呢？或许一声祝福对自己算不了什么，但对父母来说，这声祝福比什么都美好、都难忘，都更能使他们热泪盈眶！

一位知名学者曾写下这样的文字：

当你一岁的时候，她喂你吃奶并给你洗澡，而作为报答，你整晚地哭着；

当你三岁的时候，她怜爱地为你做菜，而作为报答，你把一盘她做的菜扔在地上；

当你四岁的时候，她给你买下彩色笔，而作为报答，你涂了满墙的抽象画；

当你五岁的时候，她给你买既漂亮又贵的衣服，而作为报答，你穿着它到泥坑里玩耍；

当你七岁的时候，她给你买了球，而作为报答，你用球打破了邻居的玻璃；

当你九岁的时候，她付了很多钱给你辅导钢琴，而作为报答，你常常旷课并不去练习；

当你十一岁的时候，她陪你还有你的朋友们去看电影，而作为报答，你让她坐到另一排去；

当你十三岁的时候，她建议你去把头发剪了，而你说她不懂什么是现在的时髦发型；

当你十四岁的时候，她付了你一个月的夏令营费用，而你却整整一个月没有打一个电话给她；

当你十五岁的时候，她下班回家想拥抱你一下，而作为报答，你转身进屋把门插上了；

当你十七岁的时候，她在等一个重要的电话，而你抱着电话和你的朋友聊了一晚上；

当你十八岁的时候，她为你高中毕业感动得流下眼泪，而你跟朋友在外聚会到天亮；

当你十九岁的时候，她付了你的大学学费又送你到学校，你要求她在远处下车，怕同学看见笑话你；

当你二十岁的时候，她问你"你整天去哪"，而你回答"我不想像你一样"；

当你二十三岁的时候，她给你买家具布置你的新家，而你对朋友说她买的家具真糟糕；

当你三十岁的时候，她对怎样照顾小孩提出劝告，而你对她说："妈，时代不同了"；

当你四十岁的时候，她给你打电话，说亲戚过生日，而你回答："妈，我很忙，没时间"；

当你五十岁的时候，她常患病，需要你的看护，而你却在家读一本关于父母在孩子家寄身的书；

终于有一天，她去世了，突然，你想起了所有该做却从来没做过的事情，它们像榔头一样痛击着你的心……

想一想在我们成长过程中是否有这样的场景：父母让你打扫一下房间，你很不耐烦地去干；父母让你去打洗脚水，你一拖再拖；父母让你去洗一下碗，你说自己很累不想去……

在孝顺父母的时候，我们可能会觉得有点苦、有点累，但是真正孝顺的人不会把这当作不孝顺父母的借口。如果能够在父母面前尽孝，即使苦点、累点，也会把这当作是甜蜜的负担。

徐孝克生活在南朝时期，是当时陈东海郯(今山东郯县)人。家境贫寒，父亲常年卧病在床，徐孝克十分孝顺，整日衣不解带地伺候父亲。在父亲去世之后，徐孝克四处借债才使父亲得以安葬。

此后，徐孝克一心赡养老母亲陈氏，对其照顾得十分周到。由于当时战乱频繁，人民生活在水深火热之中，徐孝克虽有孝心，但有时候还是没有足够的米粮奉养母亲。对此，徐孝克感到十分苦恼。

后来，为了更好地奉养母亲，徐孝克出家当了和尚，去讨食物让母亲食用。徐孝克的孝名传到皇帝陈宣帝耳朵里，皇帝就任命他为国子监祭酒，让他能够更好地奉养母亲。

但是，每当皇帝宴请群臣的时候，他都不吃任何食物，而是把自己的那份留下来，等到酒席散的时候，再拿已经准备好的器皿装好，带回家中。时间久了，陈宣帝觉得很奇怪，就让管斌去问是怎么回事，管斌一打听才知道，原来徐孝克是把食物带回去供养老母亲了。听管斌说完事情的真相之后，陈宣帝非常感动，他特意下令，以后再宴请群臣的时候，准许徐孝克先把他母亲爱吃的食物挑出来，大家一起鼓励他为母亲尽孝。

孝敬父母是作为子女应该做的事，是一种甜蜜的负担，我们要时时懂得去关怀父母。**父母在晚年比较容易觉得孤寂、孤独，身体也慢慢虚弱下来，所以我们要常常了解父母的身体状况，为父母的健康尽一份孝心。**每当季节交替之际，温度变化特别大的时候，假如我们没有办法回到家里，就应该打电话问问父母有没有御寒的衣服、棉被够不够。通过这样的方式，父母在远方也能感觉到你对他们的关心，能感觉到你的孝心。

东汉时期人江革，字次翁，在他很小的时候，他的父亲就过世了，只留下母亲与他相依为命。当时正值战乱，江革每天背着腿脚不灵便的母亲四处逃难，在路上，时常遇见一些盗贼想把他掳走。每次江革都泪流满面地告诉盗贼自己还有老母亲需要奉养，不能跟他们走，那些盗贼也被他的孝心所感动，都不忍心掳走他。后来，他背着母亲到了江苏下邳，把母亲安顿下来，他自己就去做了雇工。凡是母亲需要的东西，他都一样不落地全买给母亲，而自己吃穿却非常节俭。

孝道——古今百善孝居先

父母一天天老去，他们想得更多的是让终日忙碌的我们陪在他们身边，多说一会儿话，哪怕只有几分钟。这种小小的心愿对我们来说就是一件朴素得不能再朴素、平淡得不能再平淡的小事，但能做到的有几人？随着儿女们一天天长大，父母们心中这件平淡朴素的小事渐渐变成奢求。所以，**从现在开始，让孝顺父母成为甜蜜的负担**，从孝顺父母的行为中体会更多的满足感和幸福感。

心灵悄悄话

在青少年时期，我们对抗着、逆反着、叛逆着父母；长大了，又因为懒惰或是一心追求名利，慢慢忽略了亲情，忽略了一日比一日年迈的父母，忽略了双亲的牵挂。千金散去还复来，亲情逝去永不返。无论怎样，我们都要记住，父母是我们的"活菩萨"，他们给予我们的爱，一定要在他们有生之年予以报答。

孝道榜样——期待父亲的笑

父亲躺在医院的加护病房里，还殷殷地叮嘱母亲不要通知远地的我，因为他怕我担心他的病情。还是母亲偷偷叫弟弟来通知我，我才知道父亲住院的消息。

这是典型的父亲的个性，他是不论什么事总是先为我们着想，至于他自己，倒是很少注意。我记得在很小的时候，有一次父亲到凤山去开会，开完会他到市场去吃了一碗肉羹，觉得是很少吃到的美味，他马上想到我们，先到市场去买了一个新锅，买了一大锅肉羹回家。当时的交通不发达，车子颠簸得厉害，回到家时肉羹已冷，且溢出了许多，我们吃的时候已经没有父亲形容的那种美味。可是我吃肉羹时心血沸腾，特别感到那肉羹真是人生难得，因为那里面有父亲的爱。

在外人的眼中，我的父亲是粗犷豪放的汉子，只有我们做子女的知道他心里极为细腻的一面。提肉羹回家只是一端，他不管到什么地方，有好的东西一定带回给我们，所以我童年时代，父亲每次出差回来，总是我们最高兴的时候。

他对母亲也非常地体贴，在记忆里，父亲总是每天清早就到市场去买菜，在家用方面也从不让母亲操心。这30年来，我们家都是由父亲上菜场，一个受过旧式教育的男人，能够这样内外兼顾是很少见的。

父亲是影响我最深的人。父亲的青壮年时代虽然受过不少打击和挫折，但我从来没有看过父亲忧愁的样子。他是一个永远向前的乐观主义者，再坏的环境也不皱一下眉头，这一点深深地影响了我，我的乐观与韧性大部分得自父亲的身教。父亲也是个理想主义者，这种理想主义表现在他对生活与生命的尽力，他常说："事情总有成功和失败两面，但我们总是要往成功的那个方向走。"

由于他的乐观和理想主义,使他成为一个温暖如火的人,只要有他在就没有不能解决的事,就使我们对未来充满了希望。他也是个风趣的人,再坏的情况下他也喜欢说笑,他从来不把痛苦给人,只为别人带来笑声。

小时候,父亲常带我和哥哥到田里工作,通过这些工作,启发了我们的智慧。例如,我们家种竹笋,在我没有上学之前,父亲就曾仔细地教我怎么去挖竹笋,怎么看地上的裂痕才能挖到没有出青的竹笋。20年后,我到行山去采访笋农,曾在竹笋田里表演了一手,使得笋农大为佩服。其实我已20年没有挖过笋,却还记得父亲教给我的方法,可见父亲的教育对我影响之大。

也由于是农夫,父亲从小教我们农夫的本事,并且认为什么事都应从农夫的观点出发。像我后来从事写作,刚开始的时候,父亲就常说:"写作也像耕田一样,只要你天天下田,就没有不收成的。"他也常叫我不要写政治文章,他说:"不是政治性格的人去写政治文章,就像种稻子的人去种槟榔一样,不但种不好,而且常会从槟榔树上摔下来。"他常教我多写些于人有益的文章,少批评骂人,他说:"对人有益的文章是灌溉施肥,批评的文章是放火烧山;灌溉施肥是人可以控制的,放火烧山则常常失去控制,伤害生灵而不自知。"他叫我做创作者,不要做理论家,他说:"创作者是农夫,理论家是农会的人。农夫只管耕耘,农会的人则为了理论常会牺牲农夫的利益。"

父亲的话中含有至理,但他生平并没有写过一篇文章。他是用农夫的观点来看文章,每次都是一语中的,意味深长。

有一回我面临了创作上的瓶颈,回乡去休息,并且把我的苦恼说给父亲听。他笑着说:"你的苦恼也是我的苦恼,今年香蕉收成很差,我正在想明年还要不要种香蕉,你看,我是种好呢还是不种好?"我说:"你种了40多年的香蕉,当然还要继续种呀!"

他说:"你写了这么多年,为什么不继续呢?年景不会永远坏的。假如每个人写文章写不出来就不写了。那么,天下还有大作家吗?"

我自以为比别的作家用功一些,主要是因为我生长在世代务农的家庭。我常想:世上没有不辛劳的农人,我是在农家长大的,为什么不能像农人那么辛劳?最好当然是像父亲一样,能终日辛劳,还能利他无我,这是我写了十几年文章时常反躬自省的。

母亲常说父亲是劳碌命,平日总闲不下来,一直到这几年身体差了还常往外跑,不肯待在家里好好地休息。父亲最热心于乡里的事,每回拜拜他总是拿头旗、做炉主,现在还是家乡清云寺的主任委员。他是那一种有福不肯独享、有难愿意同当的人。

他年轻时身强体壮,力大无穷,每天挑 200 斤的香蕉来回几十趟还轻松自在。我最记得他的脚大得像船一样,两手摊开时像两个扇面。一直到我上初中的时候,他一手把我提起还像提一只小鸡,可是也是这样棒的身体害了他,他饮酒总不知节制,每次喝酒一定把桌底都摆满酒瓶才肯下桌,喝一打啤酒对他来说是小事一桩,就这样把他的身体喝垮了。

在 60 岁以前,父亲从未进过医院,这 3 年来却数度住院,虽然个性还是一样乐观,身体却不像从前硬朗了。这几年来如果说我有什么事放心不下,那就是操心父亲的健康,看到父亲一天天消瘦下去,真是令人心痛难言。父亲有 5 个孩子,这里面我和父亲相处的时间最少,原因是我离家最早,工作最远。我 15 岁就离开家乡到台南求学,后来到了台北,工作也在台北,每年回家的次数非常有限。近几年结婚生子,工作更加忙碌,一年更难得回家两趟,有时颇为自己不能孝养父亲感到无限愧疚。父亲很知道我的想法,有一次他说:"你在外面只要向上,做个有益社会的人,就算是尽孝了。"

母亲和父亲一样,从来不要求我们什么,她是典型的农村妇女,一切荣耀归给丈夫,一切奉献都给子女,比起他们的伟大,我常觉得自己的渺小。

我后来从事报道文学,在各地的乡下人物里,常找到父亲和母亲的影子,他们是那样平凡、那样坚强,又那样的伟大。我后来的写作里时常引用村野百姓的话,很少引用博士学者的宏论,因为他们是用生命和生活来体验智慧,从他们身上,我看到了最伟大的情操以及文章里最动人的素质。

我常说我是最幸福的人,这种幸福是因为我童年时代有好的双亲和家庭,我青少年时代有感情很好的兄弟姊妹;进入中年,有了好的妻子和好的朋友。我对自己的成长总抱着感恩之心,当然这里面最重要的基础是来自于我的父亲和母亲,他们给了我一个乐观、关怀、善良、进取的人生观。

我能给他们的实在太少了,这也是我常深自忏悔的。有一次我读到《佛说父母恩重难报经》,佛陀这样说:"假使有人,为了爹娘,手持利刃,割其眼睛,献于如来,经百千劫,犹不能报父母深恩。假使有人,为了爹娘,百千刀战,一时刺身,于自身中,左右出入,经百千劫,犹不能报父母深恩……"读到

孝道——古今百善孝居先

144

这里，不禁心如刀割，涕泣如雨。这一次回去看父亲的病，想到这本经书，在病床边强忍着要落下的泪，这些年来我是多么不孝，陪伴父亲的时间竟是这样的少。

有一位也在看护父亲的郑先生告诉我："要知道你父亲的病情，不必看你父亲就知道了，只要看你妈妈笑，就知道病情好转；看你妈妈流泪，就知道病情转坏，他们的感情真是好。"为了看护父亲，母亲在医院的走廊打地铺，几天几夜都没能睡个好觉。父亲生病以后，她甚至还没有走出医院大门一步，人瘦了一圈，一看到她的样子，我就心疼不已。

我每天每夜向菩萨祈求，保佑父亲的病早日康复、母亲能恢复以往的笑颜。

这个世界如果真有什么罪孽，如果我的父亲有什么罪孽，如果我的母亲有什么罪孽，十方诸佛、各大菩萨，请把他们的罪孽让我来承担吧，让我来背父母亲的孽吧！

但愿，但愿，但愿父亲的病早日康复。以前我在田里工作的时候，看我不会农事，他会跑过来拍我的肩说："做农夫，要做第一流的农夫；想写文章，要写第一流的文章；要做人，要做第一等人。"然后觉得自己太严肃了，就说："如果要做流氓，也要做大尾的流氓呀！"然后父子两人相顾大笑，笑出了眼泪。

我多么怀念父亲那时的笑，也期待再看到父亲的笑。

心灵悄悄话

"子欲养而亲不待"，有一些事情，当我们年轻的时候无法懂得；当我们懂得的时候，已经不再年轻。世上有些东西可以弥补，有些东西却永远无法弥补。孝道不是以前的事，也不是将来的事，一切从现在做起。为我们的父母尽应有的孝道，把欢笑留下，把遗憾赶走。

第八篇　孝道反思

究竟我们自己的孝道做得怎么样？

请大家一起来回忆，扪心自问：我们有没有做过伤害父母的事情？

我们在不高兴时，是否给父母难看的脸色？有没有顶撞过父母？

一步一个脚印，踏踏实实地做人是如此的重要。我们不能犯错，因为我们在父母心中十分重要。平日里，父母的教育，我们不愿听，可是当错已经犯下时，我们才恍然大悟，而等不到向父母忏悔，他们已经原谅我们。但是，我们能够体谅多少父母的良苦用心？我们又用什么来安慰父母的谆谆之心呢？

问自己几个孝道问题

孟子讲不孝有五种表现：

四肢懒惰，不养父母，一不孝；

好赌博、喝酒，不关心父母，二不孝；

偏爱妻室儿女，钱财据为己有，不管父母的生活，三不孝；

纵欲享乐，使父母因此丢人现眼，遭受耻辱，四不孝；

逞勇敢，好打架斗殴，常遭官司，危及父母，五不孝。

我们每个人对照自己做一个深刻的反省，反省是觉悟的第一步，只有灵魂的觉醒才能变为行动。

可能我们觉得自己在父母跟前，父母身体尚好，一日三餐不缺，生活还能自理；可能觉得年老的父母与我们没有共同的语言；可能父母从来不提出什么要求，所以用不着经常看望问候。

当你为人父母时，当你年老孤独时，以上问题的答案就出来了。

究竟我们自己的孝道做得怎么样？请大家一起来回忆，扪心自问：我们有没有做过伤害父母的事情？

我们在不高兴时，是否给父母难看的脸色？有没有顶撞过父母？

也许在单位，我们可以忍受苛刻的领导，可以忍受说三道四的同事，甚至可以包容坏脾气的丈夫，骄纵任性的妻子，但是也许父母的一句小心翼翼的叮嘱，就会让**我们大发雷霆，每当这个时候，父亲总是叹着气，不敢再触怒你！母亲总是说："妈知道你活得不容易，有气就冲妈撒，别把自己憋坏了！"**可是，父母的不容易又有谁去体谅？父母的经验之谈你遵守了吗？你是否在每次吃到美味佳肴时都能想到父母？父母有病你念念在心吗？

149

如果有一天，你发现家中的碗筷、锅子好像没洗干净；

如果有一天，你发现家中的地板衣柜经常沾满灰尘；

如果有一天，你发现他们过马路行动反应都慢了；

如果有这么一天，你要知道他们老了！

为人子女者要切记：看父母，就是看自己的未来！

当继父（继母）不能像亲生父母那样对待我们，我们是否会心生怨恨而不宽恕他（她）呢？

绝大多数的父母都是无私地将爱给予孩子，但是也有极个别的父母，与我们缘分比较浅，可能出于种种原因不能给予我们那么多的关爱，遇到这种情况，我们又当如何呢？

闵子骞也是孔子的学生。他的继母对他很不好，把好的都给自己的亲儿子，有受苦受累的差事都让闵子骞做，继母还常常打骂他，但他从未有过半句怨言。懂事的闵子骞，从未向父亲提及此事。

一年冬天，父亲赶着车要出外做生意，于是让闵子骞去套马。他在拉马车的时候，因为手冻僵了，缰绳不小心脱了手，马车翻了。父亲以为是他偷懒，拿起鞭子向他抽来，棉衣破了，棉衣里面不是棉花而是随着寒风四处飘扬的芦花，这时父亲才恍然大悟，决定要休掉妻子，他对妻子说："我娶你来，指望你能照顾我的孩子，照顾这个家，现在你的孩子穿棉花做的新棉袄，而我的孩子却穿着芦花做的棉衣忍饥受冻，你这种心肠的女人，我要你何用？"

于是父亲写下休书，决意休掉继母，这时闵子骞跪了下来说："父亲，我求求您不要赶母亲走，母在一子寒，母去三子单。母亲在家只我一人受点苦不算什么，若是母亲走了，我们兄弟三人都要受苦挨冻了。"父亲十分感动，就依了他。继母听后，悔恨知错，从此对待他如亲子一般。

孝道贵在一个"诚"字，必须是发自内心。小小闵子骞能在饱受欺凌后不生嗔恨心，还能想到家庭所有的人，跪地为后母求情。其行感天动地，铁石心肠者亦会流泪，子骞的孝行被搬上戏剧舞台，千百年来广为传颂。

由此可见，**想要改善与继父或后母之间的关系，我们必须学会忍让与宽恕，进而以德行来感化，因为仁者无敌。**

孝道——古今百善孝居先

我们是否个性刚强,不良爱好很多,让父母忧虑?

我们是否做过让父母蒙羞的事情?

《弟子规》云:"德有伤,遗亲羞。"儿女能本分为人,堂堂正正做事,让父母放心而宽慰;相反儿女若学坏,损人利己,父母不仅操心、担心,而且得受罪和承担过错啊,因为"养不教,父之过"。"过"就是罪过。可是,哪一个父母的初衷不是希望自己的孩子堂堂正正呢?

通过这些年的观察,发现大凡儿女在外惹是生非,坑人、骗人、损人的,他们的父母不是抬不起头做人,就是身体有病。我们可以回想自己的所作所为如何? 我们怎么能让为了我们操劳一生的父母,到了晚年还要替我们背上这沉重的包袱,我们的良心又如何能够安然呢?

所以说,**一步一个脚印,踏踏实实地做人是如此的重要**。我们不能犯错,因为我们在父母心中十分重要。平日里,父母的教育,我们不愿听,可是当错已经犯下时,我们才恍然大悟,而等不到向父母忏悔,他们已经原谅我们。但是,我们能够体谅多少父母的良苦用心? 我们又用什么来安慰父母的谆谆之心呢?

有一个人从小就非常淘气,母亲管教他,他总是埋怨母亲。成年后结识了一帮社会不良青年,经常惹是生非,一次与人打架将人致残,被判入狱。母亲每次去探监,都劝导他要好好接受改造,可是他怎么也听不进去,监狱的生活让他变得比从前更加暴躁。不久,他又在狱中斗殴,导致自己眼角膜破裂,这一次得到的教训是:他将永远面临黑暗! 当母亲知道了这个消息,痛苦万分,为了换回儿子的光明,母亲瞒着儿子将自己的眼角膜移植给了他。

第一个星期过去了,以往这个时候,母亲一定会带着他喜欢吃的东西来看望他,可是这一次母亲却没有出现,他有些沮丧,尽管平时他讨厌母亲的唠叨。又是一周过去了,他依然没有见到母亲熟悉的身影,他开始怀疑,是不是母亲对自己失望了? 是不是自己每次都将愤怒发泄在可怜的母亲身上,母亲再也无法承受了? 难道母亲放弃我了吗? ……

而此时的母亲,是多么想去看望儿子。可是,她正在开始适应黑暗的生活,她怕儿子见到自己会伤心,影响他在监狱改造,所以她几次走到了监狱的门前,却没有勇气走进去,但是每次想到儿子又可以用她的眼睛看到这个世界,她的心里就快乐起来,仿佛黑暗都不见了,每天都是阳光明媚。

第三周,第四周,母亲还是没有出现,儿子开始害怕,难道母亲……他不敢想,这时他才知道母亲对他来说是如此的重要,他不能失去母亲,他太对不起妈妈了。他后悔、自责、思念,在经历了无数个日日夜夜的煎熬后,终于盼到了自己出狱的那一天,他迫不及待地跑回家。

妈妈早已知道今天儿子出狱,所以一早就起来开始准备他喜欢吃的饭菜,以至于激动得不小心打碎了盘子割破了手指都无暇顾及。当儿子冲进家门看到了满桌都是自己喜欢吃的饭菜,又看到在厨房里摸索着、忙碌着的妈妈,他一切都明白了,他跪着、哭着、呼喊着,爬到了母亲的脚下,拼命地给母亲磕头,边哭边说道:"妈妈,因为我让您在街坊邻居面前抬不起头来!因为我,您让亲人羞辱、父亲责骂!现在又为我这样一个不孝子失去了眼睛。我发誓一定要重新做人,做一个正直善良的人来报答您的恩德,请您相信我吧,相信我吧!……"

我们是否对待爱人、朋友、领导的好,超过对待我们的父母?

据某报调查,当下有80%的年轻人,对自己偶像明星的生日记得是清清楚楚,而对于自己父母的生日竟是毫无所知;还有人对领导的事情事无巨细,对自己的双亲却是不闻不问,在我身边发生过这样一件事:

邻居老张家的儿子已参加工作,一天在路上买了一个非常精美的大蛋糕带回了家,母亲见状,欣喜异常,很是感动,因为今天是她的生日,毕竟这是有史以来头一遭。有感于儿子的一片孝心,母亲在儿子出去时,先切下了一块蛋糕尝了尝,那真是甜到了心里。等到儿子回家,发现蛋糕少了一块,心里甚是不爽,便冲着母亲喊:"谁吃了蛋糕,这蛋糕是给我们领导母亲拜寿专门定做的!再做就来不及了!这该怎么办呢?!"母亲在屋里听到这话,心里顿时一阵酸楚……

这确实是个令人心酸的案例,然而它以不同的形式发生在我们生活的周围。同时也提醒各位领导与上司,当你收到下级的贺礼时,不妨留心一下他对自己的父母怎样，如果他对自己的父母都漠不关心，你要小心他的目的，不要说历史与古代，就是当下，多少的官员断送在这些人的手里！

我们是否觉得父母没学问、保守、顽固、不开窍？是否因此轻视父母呢？

俗云："儿不嫌母丑，狗不嫌家贫。"

我们有没有纵容妻子，苛待自己的父母？我们是否与兄长相争而伤父母之心？

有时兄弟为小事相争，甚而大打出手；还有的不相往来，让父母左右为难、伤心不已；更有甚者，父母尸骨未寒，子女为了分家产打得鸡犬不宁，甚至还告上法庭！这怎么能让九泉之下的父母安宁呢？

我们有没有……………

我们有没有…………

我们有没有……

心灵悄悄话

古人云："养儿方知父母恩。"可惜我们已经为人父母且又父母在堂，还不能全部体味。一旦你的父母离去，当你的生命也将接近终点的时候，你才会真正地明白酸甜苦辣的各种味道，正是自己为自己准备好的。

父母厌恶过我们吗

我们是否对年老的父母生过厌恶心?

有一位母亲,写了这样一封信给自己的孩子。

孩子:

我花了很多时间,教你慢慢用汤匙、用筷子吃东西,教你系鞋带、扣扣子、溜滑梯,教你穿衣服、梳头发、擤鼻涕,这些和你在一起的点点滴滴,是多么的令我怀念不已!

所以,当我想不起来,接不上话时,请给我一点时间,等我一下,让我再想一想……极可能最后连要说什么,我也一并忘记。

孩子,难道你忘记了我们练习了好几百回,才学会的第一首娃娃歌吗?你是否还记得每天总要我绞尽脑汁,去回答不知道从哪里冒出来的"为什么"吗? 所以,当我重复又重复说着老掉牙的故事,唠叨着你已听得厌烦的话语,孩子,体谅我!

孩子,现在我常忘了扣扣子、系鞋带。吃饭时,会弄脏衣服,梳头发时手还会不停地抖,不要催促我,对我多一点耐心和温柔,好吗? 只要有你陪伴在我左右,就会有很多的温暖涌上心头。

孩子,如今,我的脚站也站不稳,走也走不动,所以,请你紧紧地握着我的手,陪着我,慢慢地。就像当年一样——我带着你一步一步地往前走。

爱你的妈妈

我们,不要嫌老人的唠叨会令人烦心,当有一天这熟悉的声音离你远去,你将会无比怀念……

孝道——古今百善孝居先

请快些疼爱他们吧，因为爱不容停留，不容等待。记得常为"感恩之花"多多浇灌，千万，千万！

如果我们有过这样的行为，或者还有更多伤害父母的事情，就应该反省和忏悔。必要的时候跪下来，不只是在形式上，而是发自良心深处说一声："母亲，孩儿错了！""公公婆婆，媳妇错了！""岳父岳母，女婿错了！"重新把爱找回来，用赤子的心来孝顺父母！

小孝：以物养亲，尽心养亲，使父母衣食无虑；

中孝：以顺怡亲，上体亲志，使父母顺心安乐；

大孝：以荣养亲，行善济世，使父母光耀门庭；

大大孝：以德拔亲，行道立德，使父母成就生命。

孝道是千百年来中华传统文化的精髓。古圣先贤非常重视孝道的学习与实践，目前我国政府正在大力提倡构建和谐社会，也特别重视孝道。百善孝为先，它是众善之源，为人之本。因此，做人应先从这个"孝"字开始，一个"孝"字全家安。愿我们都能发露赤子之心，以此报答天、地、君、亲、师之大恩大德，实现万物和谐、世界大同的最终夙愿。

心灵悄悄话

当亲人们微笑着看你哭着来到人世间，你从呱呱坠地起，便注定应用一生的爱去浇注父母亲因你而衰老的身躯。无论你是丑陋还是美丽，无论你是有所作为还是一败涂地，在父母眼中，他们的爱没有一分一秒因你的荣辱与得失而变轻。反而，爱的天平永远倾斜于他们施爱的那一方。

孝道榜样——樱桃树下的母爱

蒂姆4岁那年，一向花天酒地的父亲向母亲提出了离婚。母亲带着他搬到了马洛斯镇定居。

马洛斯镇尽头有一个大型的化工厂，工厂附近有许多美丽的樱桃花，蒂姆一眼就喜欢上了这里。

蒂姆在新的生活环境生活得非常愉快。他喜欢拉琴，每天都要拿着心爱的小提琴来到院子里的樱桃树下演奏。

几年过去了，他的琴技日渐提高，悠扬的乐声是他们生活中最美妙的伴奏。

不幸还是再次降临到这对母子身上。化工厂发生了严重的毒气泄漏事件，距离化工厂最近的蒂姆家受到严重的污染。蒂姆时常恶心、呕吐，最可怕的是他的听力逐渐下降，医生遗憾地表示蒂姆的听觉神经已严重损坏，仅存有极其微弱的听力。

母亲狠下心把蒂姆送到了聋哑学校，她知道要想让儿子早日从阴影中走出来，就必须尽快接受现实。医生提醒过，由于年纪小，蒂姆的语言能力会由于听力的丧失而逐日下降。因此，即使在家里，母亲也逼着蒂姆用手语和唇语跟她进行交流。在母亲的督促和带动下，蒂姆进步很快，没多久就能跟聋哑学校的孩子们自如交流了。樱花树下又出现了蒂姆歪着脑袋拉琴的小小身影。

看到儿子的变化，母亲很是欣慰。和以前一样，每次只要蒂姆开始在樱桃树下拉琴，她都会端坐在一旁欣赏。不同的是，演奏结束后母亲不再是用语言去赞美，取而代之的是她也日渐熟练的手语和唇语以及甜美的微笑和热情的拥抱。

可蒂姆的听力太有限，他很想听清那些美妙的旋律，但他听到的只有很轻的嗡嗡声。蒂姆很沮丧,心情也一天比一天坏。

看着儿子如此痛苦,母亲不禁也伤心地流下泪来。一天母亲用手语对蒂姆"说"道:"孩子,尽管你不能完全听清楚自己的琴声,但你可以用心去感受啊!"

母亲的话深深印在了蒂姆心里,从此他更加刻苦地练琴,因为他要用心去捕获最美的声音。为了让蒂姆的琴技更快地提高,母亲还想了一个妙招——镇上没有专业教师,母亲就用录音机录下蒂姆的琴声,然后再乘火车找城里的专家进行评点,为了避免有遗漏,她还麻烦专家把参考意见一条条地写下来,好让蒂姆看得清楚。

可蒂姆发现,只要自己演奏较长的乐曲,有时明明超过了 50 分钟,磁带早到换面的时候,可母亲还看着自己一动不动。蒂姆提醒母亲,母亲忙说抱歉,笑称自己听得太入迷了。后来,只要录音,母亲就会戴上手表提醒自己,再也没有出现过任何漏洞。

樱花树几度花开花落,在法国一次少年乐器演奏比赛上,蒂姆以其精湛的技艺和高昂的激情震撼了在场的所有评委,当之无愧地获得了金奖。而当人们得知他几乎失聪时,更觉得他的成功不可思议,有许多人把他称为音乐天才。更幸运的是,蒂姆的听力问题受到医学界的关注,经过巴黎多位知名专家的联合会诊,他们认为蒂姆的听觉神经没有完全萎缩,通过手术有恢复部分听力的可能。

手术很快实施了,术后的效果很理想,医生说再戴上人造耳蜗,蒂姆的听力基本上就能与常人无异了。

那段时间,母亲一直陪伴在蒂姆身边,戴上耳蜗的这天,蒂姆表现得很兴奋,他用手语告诉母亲:"从现在起,我要学习用口说话,您不必再用手语和唇语跟我交流了。"他甚至激动地拉起了小提琴,用结结巴巴的声音说:"母亲,我能听见了,多么美妙的声音啊!"然后他又问道:"母亲,您最爱哪首曲子,我现在就拉给您听,好吗?"

但奇怪的是,母亲似乎根本没听见他的话,她依然坐在那儿含笑看着他,保持着沉默。蒂姆又结结巴巴地问:"母亲,您怎么不说话啊?"这时,护士小姐走了过来,她告诉蒂姆,他的母亲早已完全失聪。蒂姆睁大眼睛,直到这时,他才知道了真相:原来,那次毒气泄漏事件中损坏了听觉神经的不止是他，还有母亲，只是为了不让蒂姆更加绝望，母亲才将这个痛苦的秘密隐藏到现在。母亲的绝大部分时间都是和蒂姆用手语交流和唇语交流的。因为很少开口，如今都不怎么会讲话了。蒂姆想起年少时对母亲的种种误解，不由得抱着母亲痛哭起来。

蒂姆和母亲回到了家中，初春时节，在开满粉红花瓣的樱桃树下，伴着柔柔的和风，蒂姆再次为母亲拉起了小提琴。他知道，母亲一定听得到自己的琴声，因为她是在用心去感受儿子的爱和梦想。虽然他当年在母亲那儿得到的只是无声的鼓励，但这其实是一个伟大母亲奉献给儿子最震耳欲聋的喝彩！

 心灵悄悄话

神圣的母爱，像阳光一样，能照耀到人生任何的角落，坚冰挡不住母爱，亲情在灵魂深处复苏。当我们在这个纷繁的尘世中追求着一个又一个梦想的时候，当我们在承受一次又一次的挫败与成功的时候，母亲总是陪伴在我们身边，给我们极大的鼓舞。不论我们身处何地，母爱总是萦绕在我们身边。

孝道——古今百善孝居先

第九篇　孝道误区

在青少年成长的过程中,常常以听父母的话来表达自己的孝心。

殊不知,自己的顺从往往使"孝"变了质。有的青少年感到疑惑,我们听父母的话是爱父母啊,为什么会成愚孝呢?

孝的本意虽然是顺从与爱,但并不是无原则地顺从与爱,父母的命令不动脑子就全盘接受,这并不是真正的"孝"。无论是对父母还是长辈,顺从的态度虽是好的,但自己也应该有辨别是非黑白的能力。

盲目地顺从,以至于纵容错误发生,这样的孝道在任何时代都不值得推崇。

盲孝不是孝顺

孝不等于彻底地顺从，"孝顺"不仅是"孝"加上"顺"而已。父母给了我们生命，我们应当感谢父母，并在长大成人后尽好抚养义务，关心父母的精神和物质需求。但是，**青少年还要有自主的意识，不要把愚孝当成孝顺。**

在封建社会中，统治者为了让自己的江山稳固，就利用孔子"孝"的思想。他们认为一个人在家能愚孝，对统治者就能尽愚忠，就可以任意摆布，任意驱使。所以他们非常提倡对父母百依百顺，提倡完全没有自己主见的"孝道"，还说这就是孔子的教导。其实根本不是这样。

曾子名叫曾参，是孔子最著名的弟子之一。他是一个非常孝顺的人，有一次他在自家的地里锄瓜，一不小心锄掉了一棵瓜苗的根。

这时曾子的父亲看到了，非常生气，拿起一根大棒就打，把曾子打倒在地，曾子晕了过去，半天才苏醒过来。曾子醒过来之后的第一件事，就是赶紧跑到父亲的面前请罪，说："刚才我做了错事，得罪了父亲，您用那么大的力气教育我，没什么事吧？"

孔子听说了这件事，告诉自己的弟子说："下次曾参再来，别让他进我的门！"曾子不知道自己做错了什么，央求师兄弟向孔子打听，孔子说："当年舜帝的父亲瞽叟很糊涂，脾气也非常暴躁，续娶了之后对舜又非常不好。要使唤舜的时候，舜总是在旁边侍候着，可是想要杀舜的时候，却怎么也找不到他。小小的责罚，舜可以承受；要是父亲大怒要拿大棒捶他，舜就远远地躲开。为什么呢？怕自己的父亲背上杀害亲生儿子的名声啊！现在你呢？父亲正在气头上，下手不知轻重，要是真为了一件小事把你打死了，你不是陷父亲于不仁不义了吗？"

像故事中曾子那样的孝，就是"愚孝"，就是盲目地顺从。西汉末年的政治家、思想家刘向评论说："以曾子那样的才华，又身处圣人的门下，尚且犯了罪过而不自知，可见把握好孝的限度是多么的重要啊！"

在青少年成长的过程中，常常以听父母的话来表达自己的孝心。殊不知，自己的顺从往往使"孝"变了质。有的青少年感到疑惑，我们听父母的话是爱父母啊，为什么会成愚孝呢？

孝的本意虽然是顺从与爱，但并不是无原则地顺从与爱，父母的命令不动脑子就全盘接受，这并不是真正的"孝"。盲目顺从的孝，只重动机，不重效果；只重形式，不重内容；只顾自己，不顾他人。从根本上说，这不是真正的孝道。这一点，青少年朋友们须牢记。

真正的孝道不是对父母唯命是从，当父母做得不对的时候也要和颜悦色地提出来，不能看着父母犯错误而不闻不问。**无论是对父母还是长辈，顺从的态度虽是好的，但自己也应该有辨别是非黑白的能力**。盲目地顺从，以至于纵容错误发生，这样的孝道在任何时代都不值得推崇。

孝顺父母是我们的义务，但不能没有原则地孝顺。一味地盲从父母并不是真正的孝顺，有些时候，盲从会降低自己明辨是非的能力，到最后，事情往往不如想象中的完美，甚至适得其反。

有这样一个愚孝的故事：

有一个人曾经当选孝亲楷模和模范父亲，看来也绝对是个好人。他很会念书，从一个平凡人家子弟考上国立大学，通过公务人员的鉴定考试。

他也非常孝顺，只要父母要他做的，再卑贱的工作，他也不敢不从。妻子是父母要他娶的，在那个时代这是理所当然。他的妻子也是一个贤惠的传统女子。但是，不管她做得多好，只要父亲一不高兴，要他打老婆，和妻子感情再好，他也不敢不从。

在他近三十岁时，妻子早产生下双胞胎女婴。他的父母说，如果是男的就救，女的就算了，他也不敢不从，即使家中付得出救孩子的钱，他也不敢自己做主，就让自己的女儿"算了"。

他不断讲述委屈的陈年往事，虽然脸上有着"有谁比我更孝顺"的自豪，但也同时表达着一种莫名的悲哀。

因为，他不是真的无怨，他的父亲在他的孝顺服侍下已近百龄。但几年前他还想同太太去自杀，因为"我虽然是家中老大，但在我父亲的眼中，我不如一只蚂蚁"，他的声音转为哭腔。

他七十岁了，哭得像个孩子。他似乎没长大过，七十岁了，还在向父母事事请示。

传统的孝顺美德固然值得歌颂，但这种孝顺是不值得赞扬的。

曾子说过："敢问子从父之令可谓孝乎？"这是一直困惑曾子的问题。父亲命令我去做事情，不管是什么样的命令，不管这个命令合不合理，我宁可委屈自己，也一定要服从，这就是孝顺吗？其实这不是真正的孝顺。

就如故事中的主人公，父亲什么要求他都无条件地服从，这不是孝顺，而是愚孝。**有些时候，当父母错了，我们要及时沟通，及时帮他们更正，不然我们会失去更多。**

孝顺父母是天经地义的，不孝顺父母的人，将受到良心的惩罚。但是，若父母命令我们做错误的事、罪恶的事或任何违背道义的事，我们就不可以盲目遵从了。

盲从并不等于孝敬父母，并非父母说的话都是完全正确的，有的父母当着儿女的面辱骂他人，难道做儿女的也要盲从吗？

遇到问题时不一味盲从，多和父母交换意见，对于正确的、不损人利己的见解则应遵从父母的意见。

心灵悄悄话

有人认为，只要是长辈，无论在什么情况下都是对的，子女在任何情况下都应该绝对服从父母。这种想法显然是片面的。孟子说："亲之过大而不怨，是愈疏也。愈疏，不孝也。"就是说，子女对父母的过失、违背道义的行为不怨、不谏，甚至盲目顺从，就是不孝。

帮助父母改正错误

晚饭过后,母亲忙着做家务。刚上五年级的女儿走近问道:"妈妈,问您一个问题,您的心愿是什么?"母亲先是一愣,接着不耐烦地回答:"心愿很多,跟你说没用。"女儿执拗地要求:"您就说说看,这对我很重要。"母亲看着女儿坚持的样子,就回答说:"好吧,就说给你听听。第一,希望你努力学习,保持好成绩;第二,希望你听话,不让大人操心;第三,希望你将来考上名牌大学;第四……"

女儿打断母亲的回答:"哎,妈妈,您不要总是说对我的期望,说说您自己的心愿吧?"母亲配合着女儿,又沉浸在对美好未来的种种设想之中:"我嘛,一是希望身体健康,青春常驻;二是希望工作顺心,事业有成;三是希望家庭和睦,美满幸福;四是……"

女儿再次打断母亲的回答:"妈妈,您说的这些又大又空,说点实际的吧,比如您想要什么。"

母亲好像发现了什么似的,有些恼火地打断女儿的话:"我就知道你跟我玩心眼儿,一定是老师留了关于心愿的作文题目,你写不出来就想到我这里挖材料对不对?实话告诉你吧,我的心愿多着呢!我想要别墅,我想要小轿车,我想要高档时装,看,我的手袋坏了,还想要一个真皮手袋,你看这些实际不实际?这些你都能满足我吗?跟你说有什么用?好了,心愿说完了,你去写作业吧。"

女儿回到自己的房间,母亲觉得女儿今天很奇怪,又站起身推开女儿的房门。女儿正在写作业,还一边流泪,不停地用手背擦着。母亲的无名火又上来了,声音比刚才还要高出几个分贝,喊道:"你想偷懒不写作业是不是?你故意气我是不是?"女儿解释:"妈妈,我不是……"

"还敢顶嘴!告诉你,九点钟之前写不完这篇作文就不许睡觉!"母亲很气愤地命令着，一扭身"嘭"地把门关上了。

第二天晚上吃完饭，女儿照例进屋写作业，母亲照例忙着每日必做的家务。这时，妈妈发现茶几上多出了一束鲜花，鲜花旁有一个包装袋，包装袋上有一张小纸条，纸条上面写着：妈妈，今天是您的生日，我用平时攒的零花钱和这两年的压岁钱给您买了一个真皮手袋。让您高兴，这是我最大的心愿。纸条上的落款是：想给您一份惊喜却不小心惹您生气的孩子。母亲的手颤抖了，呆呆地坐在沙发上说不出一句话。

在这个世界上，人无完人。**父母不可能永远没有错误，他们也有不良的习惯和不好的品质，但是作为子女，我们不能直接与父母顶撞。**那我们怎么办呢？我们可以委婉地讲道理，让父母意识到自己是不对的，从而改正。

爱父母，就要学会对父母宽容，像他们宽容自己一样宽容他们，因为爱可以化解一切隔阂。

青少年时期是人生观和价值观形成的关键时期，在他们的世界里有两位老师，一个是在学校里的老师，另一位则是父母。

唐朝时，有个叫吴章的人，在他很小的时候，母亲就去世了。后来父亲又为他娶了一个后娘。没过多久，后娘就给吴章添了一个小弟弟。但是非常不幸，小弟弟出生时间不长，他的父亲就在一次战争中阵亡了。

吴章的后娘一直盘算着怎么才能多分到一点财产。按照当时惯例，吴章身为长子，祖父分给父亲的那份财产，理当由长子首先继承。可是后娘不希望吴章继承这笔财产，怕他日后对自己的孩子不利，所以她总是在吴章的祖父面前说他的坏话。

吴章对财产看得很淡，他也不想参与到这样的家庭纠纷中去。所以，他每天只是一心一意地读书，把全部心思都花在求取知识上。可是后娘并没有因为吴章的礼让而善罢甘休，只要找到机会，她就对吴章百般指责。

有一次，吴章的一个朋友急需一笔钱。为了帮助他，吴章就把自己平日里画的几幅扇画拿到集市上卖掉，把卖画的钱送给了那位朋友。后娘知道这件事后，马上跑到吴章的祖父面前，添油加醋地说了吴章的一大堆坏话。她跟吴章的祖父说，吴章把家里收藏的古玩字画偷偷拿出去卖了，并把卖画所得的钱都给了他结交的坏朋友，几个人一起挥霍掉了。这下可把祖父给气坏了，还没问明原委，就让人把吴章叫来，当着全家人的面，劈头盖脸地把吴章狠狠地教训了一顿。

对此，吴章并没有据理力争，而是默默地承受着。祖父气得没办法，索性就将他关了起来，同时派人对吴章的行为进行一番详细的核实。没过多长时间，真相就大白了。从此，吴章的祖父再也不相信他后娘所说的话了。

祖父去世之后，吴章得到了大部分财产，可是他对后娘并没有丝毫的怨恨，仍以仁爱之心对待她，早晚都去拜见后娘，向她问安，并表示今后不论发生什么事情，他都要奉养孝敬她一辈子。吴章的这些举动使后娘感到无地自容，慢慢地低下了头。

在吴章做了官以后，他亲自把后娘和弟弟接到自己任职的地方，一家人过着幸福美满的日子。吴章不仅为官廉洁，而且宽容大度，不计前嫌，因此深受人们尊敬，成了当时有名的大清官。

当面对父母的不对时，我们要用一颗宽容的心去沟通，去说服他们，这样他们会慢慢认识并改正错误，彼此的相处也会变得和谐起来。

心灵悄悄话

父母在孩子成长期间担任重要的角色，他们影响着孩子的人生观与价值观。然而父母也是平常人，他们也有错误的时候，父母也需要从错误中改进。而我们要做的是，保持与父母的良好沟通，接受新的、进步的思想，摒弃旧的、落后的思想，这样我们才能健康地成长。

委婉劝谏犯错的父母

孔子说,见到父母有过失,要婉转地劝说。如果已经表达了自己的看法而没有得到父母的采纳,还是要照样尊敬顺从,只是心里忧愁但并不埋怨。

《孝经》载,曾子曰:"若夫慈爱恭敬,安亲扬名,则闻命矣。敢问子从父之令,可谓孝乎?"

子曰:"是何言与?是何言与?昔者天子有争臣七人,虽无道,不失其天下;诸侯有争臣五人,虽无道,不失其国。大夫有争臣三人,虽无道,不失其家。士有争友,则身不离于令名;父有争子,则身不陷于不义。故当不义,则子不可以不争于父,臣不可以不争于君。故当不义,则争之。从父之令,又焉得为孝乎!"

这里的意思非常明确,完全顺从不能算孝。如果父母有过失,要进行谏诤。一味地顺从父母的命令,不能算是孝道。**真正的孝,要用义来衡量,一切以义为前提,符合正义的就一定要听从,违背正义的就要谏诤。这样才算是孝道。**

那么,对于青少年来说,如果父母犯了错误,该怎么劝说呢?

孔子告诉了我们办法——**事父母几谏**,意思就是委婉地劝谏。对父母要保持起码的尊重,但也不是看到错误坐视不理,而是要和颜悦色、有耐心地劝说;不要惹父母生气,直到父母意识到错误并改正了为止。要是父母不听,那就"劳而无怨",不要放弃,要有耐心,不怕麻烦,反复劝谏,但是心里不能对父母怨恨。

《礼记》里记载的劝谏方法更详细:**"子之事亲也,三谏而不听,则号泣而随之。"**这里的"三"是多次的意思,此句的大意是说,子女劝父母,要是多次还没有听从，就哭着劝说，用真情打动父母。

不顺从父母固然是不孝，但是，当父母犯了错误时，怕提出或者故意不提出，会使父母犯更大的错误，这同样是不孝的表现。

正处于叛逆期的青少年向父母提出自己的意见的时候，一定要注意到自己的态度。父子、家人相处时，应当兼顾情义，尤其是作为子女，应该以不伤害父母为前提。如果对父母无情，不仅不会让他们发现自己的过错，反而会让他们觉得孩子在伤害父母的感情。

钱穆先生也说，父母也是有过错的，只是在面对父母过错的时候要选择正确的态度和做法。

没有天生的完人，父母也是如此。当我们看到父母身上的缺点时，首先要反思自己是否也有这样的不足，然后思考如何能够让他们远离小人的习气而靠近君子的行为。委婉说服，即使说服不了，也要对他们恭敬行孝，任劳任怨。**因为他们毕竟是自己的父母亲人，绝不能因为他们不明白道义而有过失就不行孝顺。**否则，自己连孝都做不到，又怎么去要求父母行义合道呢？也许在自己的孝心感召和耐心劝说下，父母才真正会认识到自己的错误而接受建议。

心灵悄悄话

正处于叛逆期的青少年向父母提出自己的意见的时候，一定要注意自己的态度。父子、家人相处时，应当兼顾情义，尤其是作为子女，应该以不伤害父母为前提。如果对父母无情，不仅不会让他们发现自己的过错，反而会让他们觉得孩子在伤害父母的感情。

第十篇　孝道无疆

在中华民族,孝的观念源远流长,甲骨文中就已经出现了"孝"字,就是说在公元前11世纪以前,华夏先民就已经有了"孝"的观念。而关于敬老、养老的专门史料记载则可以追溯到三千多年前。

作为中华民族的一种传统文化,孝道随着中国社会文明的发展而不断地丰富和赋予新的内容。弘扬中华民族的传统孝文化,重建与现代文明社会相适应的新孝道文化,对融合代际关系,实现家庭和睦,营造孝亲敬老的良好社会氛围,发挥贤孝文化在构建社会主义和谐社会中的作用具有重要的现实社会意义。

爱要怎么说出口

有一个励志家在为成年人上的一堂课上,曾给全班出过一道家庭作业。作业内容是:去找你所爱的人,告诉他们你爱他。那些人必须是从没听过你这句话的人,或者是很久没有听到你说这句话的人。"

在下一堂课上,励志家问学生们是否愿意把他们对别人说爱而发生的事和大家一同分享。这时,一个男人举起了手,他看来有些激动。

男人从椅子上站起身,开始说话了:"上礼拜你布置给我们这道家庭作业时,我非常不满。我并不感觉有什么人需要我对他说那些话。但当我开车回家时,我想到,自从五年前父亲和我争吵过后,我们就开始避免遇见对方,除非在圣诞节或其他家庭聚会中非见面不可。然而,这些年来我一直很想念父亲,只是没有勇气开口。所以,回到家时,我告诉我自己,我要告诉父亲'我爱他'。

"当做了这决定时,我心里的负担似乎减轻了。

"第二天,我一大早就起床了。我太兴奋了,几乎一夜没睡着,很早就赶到办公室,两小时内做的事比从前一天做的还要多。

"九点钟时,我打电话给我爸爸,我说:'爸爸,今天我可以过去吗?有些事我想告诉您。'爸爸迟疑了一会儿,然后同意了。

"我没有浪费一丁点儿的时间,踏进门就说:'爸爸,我只是来告诉你,我爱你。'

"我爸爸听了我的话,不禁哭了,他伸手拥抱我说:'我也爱你,儿子,原谅我一直没能对你这么说。'

"这一刻如此珍贵,长久以来我很少感觉这么好,我希望时间就这样停止。"

"两天后,爸爸的心脏病突然病发,在医院里结束了他的一生。

"如果当时我迟疑着没有告诉爸爸,就可能永远没有机会了!所以我要告诉全班的是:爱要大声说出不要迟疑。现在就去做!"

爱,需要大声地表达,不论是对你的爱人还是父母。然而,我们对情人热切的表达已经很多,却从未向伟大的父母表达过。现在就去做,你的一句话对父母来说,胜过他们拥有的任何一件珍宝!

有些父母也许不擅长表达爱,但那并不代表他们不爱你,我们要对他们说出爱,这样才能感受到亲情的温暖。

丽达觉得爸爸不懂得怎样表达爱,认为使他们一家人融洽相处的是妈妈,爸爸只是每天忙于工作,而妈妈则负责抚养和教育她。

有一次,丽达偷了一块糖果,爸爸要她送回去,并向卖糖的道歉,但妈妈却觉得丽达只是个孩子,难免犯错。

丽达在运动场打秋千跌断了腿,在去往医院途中一直抱着她的,是妈妈。

在丽达的生日会上,爸爸总是显得有点不大相称。他只是忙于吹气球,布置餐桌,做杂务;把插着蜡烛的蛋糕推过来的,是妈妈。

丽达翻阅相册时,同学总是问你爸爸是什么样子的?因为爸爸总是忙着帮她和妈妈拍照,所以有他的照片很少。

丽达还记得有一次爸爸教她骑自行车。她叫爸爸别放手,但他说不放手学不会骑车。她摔倒之后,妈妈跑过来扶她,爸爸却挥手要妈妈走开。丽达当时生气极了,决心要给他点颜色看看。于是,她马上再爬上自行车,而且自己骑给他看。他只是微笑。

丽达念大学时,所有的家信都是妈妈写的。每次她打电话回家,爸爸似乎都想跟她说话,但结果总是说:"我叫你妈来听。"

丽达结婚时,掉眼泪的也是妈妈。爸爸只是擤了一下鼻子,便走出房间。

她从小到大总是听他说:你到哪里去?什么时候回家?自行车有没有气?……不,不准去。爸爸好像完全不知道怎样表达爱。

丽达生下第一个孩子后渐渐明白:其实爸爸已经表达了爱,而我却未能察觉。

青少年朋友们,我们要知道,父母之爱,有时并不体现在口头上,而是体现在行动上,体现在日复一日的默默奉献中。而作为子女的我们,要敢于说出自己的爱。**爸爸妈妈对我们的爱,深沉而伟大,有了这份爱我们才能健康成长。**所以,我们也要更多地爱他们,用自己的行动向他们表示:爸爸妈妈,我爱你们!

在我们向父母表达自己爱意的同时,有些悄悄话也可以跟父母说。

"为什么和女生说话就脸红?"

"我收到一张情人卡,该怎么办?"

"我的梦里竟然出现了性?"

"为什么我不敢正视他的眼睛?"

"我喜欢和她说话,喜欢听她笑,喜欢盯着她看,我是不是喜欢上她了?"

"妈妈一定又偷看了我的日记!"

摆脱了对父母的"依赖期",走进青春期,小东的生命之船仿佛驶向了一段没有航标的激流中,他遇到种种迷茫、困惑、烦恼,各种各样的难题纠结在远远没有成熟的心灵中。

青春期是成长中最重要的转折点,从一个懵懂无知的顽童成长为一个成熟理性的青年,这个过程中自然会遇到各种困难,此时,一系列的青春期疑惑就摆在了小东面前。**偏偏青春期也是成长中的"叛逆期",青春期的孩子们都有着强烈的反叛情绪,敏感而且执着地守护着自己的"隐私",童年时对父母的信任和理解渐渐变成了敌对和误解。**小东不肯与父母老师交流,有了心事,有了烦恼,有了困惑,即使心中再纠结,他也不会主动与别人交流。他觉得,心中的悄悄话,只能一个人写进带锁的日记本里。

"知音少,弦断有谁听"。每一颗处于青春期"焦虑"中的心灵都是渴望倾诉的,每一个孩子也都渴望找到一个可以与之沟通交流的对象。

为什么不试试对父母敞开心扉,心平气和地与父母进行沟通呢? 要知道,沟通是人与人之间信息交流、解决难题的重要方式,家庭的沟通更是如此。**心与心沟通,这是人与人之间交流沟通的捷径,与父母交流也是这样的。**试着将心里的悄悄话说出来,试着去理解父母,试着去体谅父母,试着去了解父母的想法,试着和父母交朋友,试着把父母看成是最亲密、最值得信任、最有能力帮助自己解决困惑的好朋友吧。

如果和爸爸妈妈发生了争执,先要心平气和地回想自己在这件事情上有没有不对的地方。如果爸爸妈妈有不对的地方,不要烦躁,发脾气更不是好办法,这不能解决问题。这时应该把自己的想法说出来,明智的父母都会接受孩子的意见。

对于那些开不了口的、不方便说的悄悄话,可以主动寻找交流的机会,换一种交流方式。例如,与爸爸妈妈亲近些的身体语言也是很好的沟通方式,信笺、电话、短信,甚至 QQ 也都是很好的交流工具。

把悄悄话说给爸爸妈妈听,常与爸爸妈妈谈谈心,不久以后你就会发现,这是一件很有乐趣的事情。一来父母不仅可以帮助解决我们的问题与困惑,二来我们可以感受到父母的爱。这样的沟通,能让我们与父母之间更加亲近,不会因为叛逆而与父母产生隔阂。

当我们正在享受自己美好的青少年时期时,我们的父母正处于疲惫的中年,他们面对着自己的父母、自己的孩子,心里有很多压力。在这个阶段,精神上的沟通对于父母来说是最重要的,我们要理解父母的辛劳,并用自己的爱回报父母。

现在有些人唯恐钱少表达不了自己的孝心,于是越来越倾向用金钱衡量孝顺的程度,买的东西越贵就越显得真心,对父母物质生活的满足成了孩子应付父母的良方,很少有人能够真正静下心来听父母说说自己的想法和需求。

刘太太的子女都是上班族,他们都受过很好的教育,对刘太太也很孝顺,但是繁忙的工作常常使得他们不得不留刘太太独自一人在家。为了消除刘太太的孤独感,子女们常常给刘太太买各种各样的健身器具,光是练手臂的,刘太太就有十几个。

独自一人在家的时候,刘太太最喜欢看电视。她一会儿看看保健节目,一会儿看看娱乐节目,偶尔还看一些武打的电影。但是当子女下班回来以后,刘太太就马上关掉电视,一个人在房间里不出来了。

其实之前,刘太太很喜欢和子女们讲每天发生的事情,聊她跟老玩伴的

孝道——古今百善孝居先

事情,但是子女一回家不是马上打开电视,看自己的新闻和足球,要不就是直接进厨房,然后是洗衣、打扫,没有人听她讲话。渐渐地,刘太太越来越不喜欢和子女聊天了。

其实父母就像小孩子一样,当他们不愿意和子女分享自己的事的时候,子女所有的关爱算起来,都是失职的。刘太太并不是一开始就自闭,只是因为没有人听她讲话,慢慢变得孤僻了,子女精挑细选的各种健身器具不但没有帮她赶走孤独,反而将孤独的种子深深地植在了她的心底。

那么,什么样的爱才是子女应该给父母的爱呢?如果只是营养品、保健品,那么在没有这些之前,古人岂不都是不孝子女了吗?恰恰相反,古代的孝顺子女远比现代社会多多了,因为他们更懂得精神上的孝顺。

青少年的我们总有一天会长大,到时一定不要以金钱的多少来衡量孝心,要知道,孝心是无价的。我们应该从精神上弥补父母情感上的空虚。

对于不好的榜样,青少年朋友们不要学习,比如,现在有些人常以忙为借口不陪在父母的身边。然而父母在老年的时候最需要的,就是耐心的倾听和陪伴。即使科技再发达,视频和语音方式再方便,最有效的沟通依然是倾听和理解,是爱和陪伴。

"妈,不要吃隔夜的菜了,每天就做我们能吃的分量。""爸,和你说了多少次空腹不能喝酒,总是这样以后胃出了问题,还是你自己难受。""你们那套经验早就过时了,现在哪还能按照那些观念生活呢!"想一想,我们嘴里常常念叨的这些话,不是全部出自我们自己的观点,而没有把表达的权利交给父母吗?每当父母们讲自己的想法时,我们的态度又是怎样的呢?

其实父母每时每刻都在传递信息,他们可能会喋喋不休地讲述你小时候的趣事,要不就是唠唠叨叨地让你保重身体,但是这时候子女的做法往往是打趣父母一番,要不就是责怪父母太唠叨了,很少有子女愿意认真聆听他们的想法,有的子女即使听了,也没有进一步思考父母的内心想法。比如一个长期脾气很坏的父母突然变得柔和,也许是感到害怕,害怕子女不孝顺自己,也许是感到不被重视,这些心理的情绪和信号,需要子女细心解读。

比起过去,今天人们往往能够给父母更多更加优越的物质条件,然而倾听的时间和精力则在下降。子女在孝顺父母的精力投入上,越来越集中于能提供怎样的物质条件和生活条件——是否能让他们住得宽敞、吃穿最好，而不在于父母是否感受到爱和尊重，父母的内心想什么，也渐渐被忽略。**当我们在繁忙的生活中停下来倾听父母真正的需要，父母的幸福感才会真正得到提升。**

当他们孤独的时候你在膝下逗他们欢心；在他们身体不适住院的时候日夜陪护，体谅他们由于不舒服造成的烦躁心情，不顶撞他们，直到他们恢复健康；不要去想兄弟姐妹当中谁对父母不好、谁为了得到父母的钱才去孝敬，而应做好自己该做的，从心底爱父母、关照他们的起居生活。人有生老病死，想象一下，未来有一天，当自己跪在父母的墓碑面前，自己的心灵是后悔的还是无憾的？在父母活着的时候自己有没有留下没有尽到孝心的遗憾？

记住，父母需要我们的陪伴、需要我们的关心与爱护，更需要"精神上的沟通"。

青少年朋友们，我们要知道，父母之爱，有时并不体现在口头上，而是体现在行动上，体现在日复一日的默默奉献中。而作为子女的我们，要敢于说出自己的爱。爸爸妈妈对我们的爱，深沉而伟大，有了这份爱我们才能健康成长。所以，我们也要更多地爱他们，用自己的行动向他们表示：爸爸妈妈，我爱你们！

心灵悄悄话

当他们孤独的时候你在膝下逗他们欢心；在他们身体不适住院的时候日夜陪护，体谅他们由于不舒服造成的烦躁心情，不顶撞他们，直到他们恢复健康；不要去想兄弟姐妹当中谁对父母不好、谁为了得到父母的钱才去孝敬，而应做好自己该做的，从心底爱父母、关照他们的起居生活。

孝道榜样——亲情在前面，幸福在后面

决绝

他是恨他的，虽然他是他的父亲。父亲算什么？钱算什么？13岁的夏天，他因为肚子痛，提前回了家。母亲出差了，打开门的刹那，他看到一双粉色高跟鞋，而母亲是从来不穿高跟鞋的。

父亲的隐情暴露了。

那时，他还小，只有13岁，于是，哭着跑下楼，给远方出差的母亲打电话。

不到一个月，父母离婚。

父亲在离婚那天狠狠打了他，骂他败家子。如果不是他，父亲是不会和母亲离婚的。母亲是优雅的女人，父亲只是一时糊涂。可是，母亲不能原谅，不能要有了瑕疵的婚姻。

母亲在离婚后大病一场，之后，总是精神恍惚。后来他才明白，有些事情是不能说出来的。时间是最宽容的，可以冲淡一切。是的，有什么不能忘记呢？如果他不说，那么，也许父母还会好好地过下去，他也不会是单亲家庭的孩子，受到同学的歧视。而母亲也不会突然出了车祸，所有的负担一下子落到他的头上。虽然有父亲给的微薄抚养费，可是母亲不要，宁肯穷着，也不要。母亲说，如果你要了，就不是我的儿子。

那时父亲还是一个机关里的公务员，后来"下海"了。先开饭店，再经营房地产，成了这个城市有名的有钱人。但母亲一样坚持不要他的钱。母亲说，小刚，人要有志气，志气最重要。于是，他只有去打工。

父亲开着奔驰从他身边经过时，一次次下来，把钱递给他。他恨这个男人。如果不是他的出轨，自己怎么会变成这样？是的，他有钱，可那是他的事情。

他与母亲相依为命，拒绝着他的每一分钱，他认为，那是一个小男子汉应该做的。那时,他不过 17 岁。

母亲哭的时候,他把肩膀递过去,然后安慰说,总会过去的。是的,他早早地就学会了坚强。父亲又娶了新妻子,年轻美貌,与他们无关。父亲又生了两个女孩。

在母亲去世之后,父亲找到了他,因为,他是他唯一的儿子。

"回来吧,"父亲说,"你是我的儿子。"

他冷眼看着父亲:"不,我不是。"

4 年大学,他靠助学贷款,又打了好多工,也终于熬过来了。

是的,他不原谅。

如果没有那年的错误,他也是父母的宝贝,也是心肝,也会撒着娇要巧克力吃,可现在,一切成了过眼云烟。

4 年,他没有再回小城。

而父亲是越来越有钱了,还放出话来,穷死他,我一分钱也不会留给他。他冷笑着,我一分钱也不会要他的,钱是个屁! 他骂了粗话。

唯一的亲人

毕业后,他留在北京。

一个人在外企,心中充满了恨,觉得整个世界亏欠自己。谈了几个女友,他怀着小心忐忑的心情,女友说,你有心理障碍吧? 怎么总对这个世界怀有戒心? 他听了,和女友大发雷霆,并且和电视剧《不要和陌生人说话》的男人一样,对女友大打出手,最严重的一次,都惊动了"110"。

24 岁这年,他得了一场病。

有人说,人得病的时候,最思念亲人。

母亲没有了,他只有父亲。

他以为自己不会想到父亲,但医生问,谁是家属时,他还是吓了一跳,知道自己的病很严重。也许明天就死了呢。那是第一次,他打电话给父亲。

父亲很激动,听得出来,声音都变了调。

"小刚,小刚,小刚……"父亲叫着他的小名。他却一直冷漠,"我得了病,也许活不了多久了,如果你有时间来一趟,没有,就算了。我想了想,你是这世上我唯一的亲人了。"

父亲晚上就到了。坐最早的飞机,直奔病房。见了他,就抱住他哭,毕

孝道——古今百善孝居先

竟,他是他唯一的儿子。

可他一直很冷静,甚至,身体里都没有温度。

那么一个成功男人,一直拉着他的手哭。他看到,这个他恨的男人也老了,头发也白了,眼神也有些浑浊,而且,手一直哆嗦着。

冷漠之下是脆弱

父亲一直陪着他,给他端屎端尿,还好,手术很成功,还好,是良性的肿瘤。那天他醒了才发现,他趴在他的床上,还抱着他的脚,白了的头发有几丝乱。这是那个雄姿英发、羽扇纶巾的男人吗? 当年,他多好看啊。

"醒了?"父亲问他。

"是。你为什么抱着我的脚?"

"我怕你醒了我不知道啊。"

他的眼泪要掉,可脸上还是不动声色的冷漠,他喜欢那种冷漠了,冷漠可以是他的盾,掩盖好多真实的东西。他的病友说,"你看,你爸爸对你多好啊,我们看着都感动,即使吃东西,也怕烫着你,都是放在嘴边吹吹再让你吃。"

可是,他的心已经成了冰了。不过,冰山一角已经开始融化了。

在父亲走的时候,他送到机场。父亲都不敢给他钱,只说:"好好珍惜身体,有事给我打电话。"临上飞机前,父亲跑到空港,给他买了一大包德芙巧克力,他说:"你小时候就爱吃巧克力,那时候家里没钱,都买些最便宜的。"

他接过巧克力,觉得眼睛涩涩的。

飞机起飞的时候,他的眼泪终于掉了下来。他觉得父亲的爱来得太晚了,是啊,太晚了。他怕爱不起来了。

那包巧克力,他一直没有舍得吃,直到过了夏天,巧克力都变了形,摊在抽屉里,他依旧没有舍得吃。

原来亲情这么好

后来的一天,他接到继母的电话,说他的父亲中风了。

他愣了一下,买了飞机票往回赶,他一直以为自己恨父亲,恨不得他死。可是,听到父亲中风的消息,他还是心怦怦乱跳,跳得非常快。继母说得很严重,大面积中风,人事不省,估计人是够呛了。

看到父亲的一刹那,他知道。真的晚了。

几天几夜,他守着。可是,父亲一直昏迷。

继母给他看了一份遗嘱,他的眼泪一下就掉了下来。遗产的一半,父亲给了他。他做了一个决定,辞了北京的工作,回父亲的公司打理一切,是的,他是男人,应该负起这个责任。

父亲的命保住了,可是,一直痴傻,手也不会动,脚也不会动,就会傻乐。他闲时会看着父亲,看着父亲傻笑。

有一天吃饭,他指着一个像巧克力的东西说:"让小刚吃,让小刚吃。"所有人都呆了。父亲记得他的名字,父亲只记得他的名字!

不久,继母给他介绍了一个女孩子,而他也真的当起了大哥,对两个妹妹特别好,如果别人不说,没人知道他已经离家太久太久了。

他结婚了,和大家一起生活,这种家庭的温暖总让他想掉眼泪,是的,他刚知道,亲情这么好。母亲当年那么决绝,是真的太过分了。

虽然是公司的老总,他每天坚持回家吃饭,有人不理解,说为什么他会这样? 他总是笑着说,亲情在的时候,一定要珍惜,因为,当有一天它走的时候,你再后悔就来不及了。

更多的时候,他会陪着父亲,推着他,和他讲公司的事情,讲自己这么多年的事情,虽然父亲仍然傻,仍然认不出他,可是父亲叫他小刚的时候,他会掉眼泪。

原来,亲情不是不在,而是隐藏在角落里,当它破土而出的时候,很快就会长成参天大树。

他也刚刚明白,只要亲情在前面,幸福就会在后面,紧紧相随。

心灵悄悄话

生活像流水,缓缓流逝的时候总会同时带着一丝丝温暖。这种感觉就好像父亲对我们的怜爱之情,这份情像大山,头顶耸立着威严;这种爱像冰河,心里流淌着真情。幸福的生活就像汤水一样,看似平淡,内容却很丰富,幸福就是如此。父亲精心为我们编织的爱,将又一次让我们饱含泪水!

孝道——古今百善孝居先

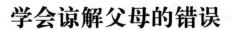

学会谅解父母的错误

国学大师钱穆先生说家人相处时,应当兼顾情义,尤其是做子女的,应该以不伤害父母为前提。如果对父母无情,则必陷于大不义的境地。懂得了这些,在面对父母的过错时也就没有什么怨言了。

人们常常会说,天下无不是之父母。这话不能从字面上僵化理解,圣贤都会犯错,何况身为普通人的父母呢?

有很多孩子面对父母时又爱又怕,爱是父母生我们,养我们无私的关爱,我们怕的是父母发脾气或骂自己,有时是孩子的错,但有时却是父母的错,在这种情况下,我们应该及时与父母沟通,用客观的角度来与父母讲道理。这才是解决问题的方法。

但是,若子女规劝父母,而父母不听怎么办? 孔子说,在这种情况下,仍要对父母表示恭顺,虽然为父母不能改正错误和缺点而担忧,但不能心怀怨恨。

郑国国君郑武公娶了一个夫人,叫武姜,生了两个儿子,长子寤生,次子段。寤生出生时武姜因为难产差点儿丢了性命,所以她只喜欢段。

郑武公准备立太子。他和大臣们商量决定立长子寤生为太子,夫人武姜却坚决不同意,她想让小儿子段继承君位,一再要求武公立段为太子。武公是一个很有主见的国君,他没有采纳武姜的意见,而是按规矩立寤生为太子。

郑武公病逝后,太子寤生即位,就是郑庄公。武姜见小儿子段没有大权,就要求庄公把制邑册封给段。因为制邑是有名的军事重镇,庄公于是拒绝了母亲的要求,并解释说先君曾有遗命,制邑不许分封给任何人。武姜听后非常生气,但又不死心,又要求庄公把京城分封给段。

庄公为了安慰母亲，便同意将京城封给段。众大臣知道此事后，纷纷劝阻庄公。大夫祭仲直言道："主公，京城地广民众，把京城分封出去，等于将国家一分为二。况且公子段如果依仗夫人的宠爱，扩大自己的势力，将来恐怕对国家有害无益！"但是庄公已对母亲应允，不能更改了。

段到了京城，在其母武姜的怂恿下悄悄地开始招兵买马，训练兵士，积蓄一切力量，做好一切准备，暗中策划谋反，只等待有机会，便与母亲里应外合，袭击郑庄公，夺取国君的位置。段逐渐将势力范围扩大到郑国的北部和西部边境，这些地区原本不属京城管辖，但地方官不敢得罪他，只好违心地服从他的命令。

段的阴谋活动早被大夫祭仲看在眼里，他劝庄公应采取手段，早日清除祸患，以巩固自己的地位，庄公没有同意。

鲁隐公元年（前772年），段认为时机已到，率领战车、兵士向都城逼近，准备偷袭都城，废黜庄公。武姜则计划在城内做内应，帮助段一举取胜。然而郑庄公已知道他们准备反叛的日期，早有戒备，并提前派公子吕率两百多辆战车袭取京城。

段得知京城失守的消息，无心再进攻都城，更无力夺回京城，只好在城外驻扎下来。郑军进攻，段没有办法，只好跑到了共国。

叛乱被庄公平定后，他将母亲武姜送到颍地囚禁起来，并发誓说：不到黄泉之下，再不见面！

一转眼几年过去了。一天，一个叫颍考叔的官员来拜见庄公。庄公留他一道吃饭，并赐羊腿给他。颍考叔把羊腿的好肉割下来不吃，却恭恭敬敬地放在一边。庄公不知是何缘故，便问他。颍考叔说："臣家中有一年迈的母亲，我想把您赐给我的羊肉带回家去孝敬母亲……"

庄公听到颍考叔这番话，马上联想到自己的母亲武姜，情不自禁掉下泪来。颍考叔装作一无所知，忙问他为何如此伤心。庄公凄楚地叹了一口气，将自己矛盾的心情告诉他："你可以随时见到母亲、孝敬母亲，只有我没有这样的机会！"颍考叔笑道："我有一个好办法，能完美地解决这件事。您可以令人挖掘一条地沟，一直挖到流出泉水为止，在那里您可以同母亲相见。这样做既不违背誓言，又尽了孝道，岂不是两全其美吗？"

庄公按照这个方法终于见到母亲，与母亲和好如初。

孝道——古今百善孝居先

原谅父母的过错、失误，重归于好，这是做子女应该做的事。父母与子女之间或多或少存在着代沟，这个代沟往往是由于彼此的成长环境不同造成的，因为接受的思想不同，父母和我们的人生观、价值观会不同，所以在做决定的时候父母就可能与我们大相径庭，随之而来的就是误解与矛盾。其实每个人都是时代的产物，我们要把父母当成普通人看待，站在他们的角度看问题，互相谅解，以正确的方式来解决问题。

沟通对于一个人是很重要的，沟通是人与人之间感情的桥梁。对子女与父母来说也是这样，常与父母沟通会消除很多矛盾，从而让我们与父母之间拥有无隔阂的亲情。

小宝的爸爸是个沉默寡言的人，笑的时候很少，在家也非常严肃。

小宝从没有听爸爸当面说过他喜欢儿子的话，也从没有听到他说过表扬儿子的话，所以小宝一直很怕他。

有一次小宝到楼下张阿姨家做客，正好讲到爸爸。小宝说："我爸常常对我发脾气，吃早餐的时候他常骂我打翻东西，吃饭不细嚼慢咽，把胳膊肘放在桌上，等等。我非常怕他，他好像一点都不喜欢我。"

张阿姨笑着对小宝说："呵呵，小宝，其实你爸爸是很爱你的，只是你还小，不了解这种爱。你知道吗？你爸在你那次生病住院的时候还哭了呢。"

"我爸哭了？怎么可能？"小宝听张阿姨这么一说，顿时心里暖暖的。

"小宝，你应该多主动和爸爸谈谈心，把你的想法告诉爸爸。"张阿姨鼓励说。

晚上回家的时候，小宝不知道该怎么和爸爸谈心，就悄悄地写了一封信给爸爸："爸爸，我很爱您，可您总是对我这么凶，所以我有的时候很害怕见到您。其实，我也有很多优点，我希望能得到您的表扬和肯定。爸爸，我有很多想法想和您说，可不知道怎么开口。不管怎么样，爸爸，我爱您，我知道您也一直很爱我。您的儿子：小宝。"

第二天早上，小宝一觉醒来，就收到了爸爸的一封回信："好儿子，以前是老爸做得不好，你并不像我批评你的那样糟糕，你的本性里有许多真善美。是爸爸做得不好，从明天起，我会认真地做一个好父亲，要和你成为好朋友,你痛苦的时候同你一起痛苦,你欢乐的时候同你一起欢乐。如果你看到这封信,请到客厅来,咱们好好地聊聊……"

那天,小宝和爸爸聊了很久。从那以后,他们真的成了好朋友。

其实,爸爸妈妈是我们最好的朋友,想要让爸爸妈妈知道你的感受和想法,最好的办法就是多和他们聊天、沟通。如果喜欢与父母交谈,相互倾诉自己的心声,我们会变得活泼开朗,也会更容易感受到家庭的温暖和父母对我们的爱。

如果子女与父母之间出现矛盾,我们首先要学会沟通,作为子女应该多与父母谈心,增加与父母沟通的机会,这不但能加强父子、母子之间的亲情,而且能消除彼此之间的误会和矛盾。

沟通是心灵之间的桥梁,是倾听对方心声最好的方式。但随着年龄的增长,我们与父母之间的沟通变少了,取而代之的是沉默或争吵。

常言道,冰冻三尺,非一日之寒。有话不说,有意见不交流,长此以往,轻则造成误会,重则造成心灵创伤。

父母与孩子之间存在代沟,这是很正常的,关键在于有"沟"就要去"通"。沟通,能架起你与父母、长辈之间心灵的桥梁,赢得理解与支持,获得彼此的人生经验,体验关爱,品味真情。

心灵悄悄话

青少年时期我们接触新鲜事物,常常与父母想法不一致,其中,有时是我们自己错了,有时是父母错了。如果我们错了就需要马上改正,做一个好孩子;如果父母错了,我们也要及时与之沟通并原谅他们,这是我们走向成熟的必经之路。